그림으로 쉽게 배우는

골프 독학의 모든 것

| 이봉철 감수 |

글로북스

머 리 말

골프는 드넓은 필드에서 자연을 벗삼아 운동을 하기 때문에 건강에도 좋고 또 다양한 사람들과 친목도모를 할 수 있는 장점이 있습니다.

골프문화가 대중화되면서 누구나 골프를 시작하고 즐길 수 있는 평생스포츠로 인식되고 있습니다.

그러나 골프는 입문과정의 기초가 평생을 좌우할 만큼 중요합니다. 특히 어떤 티칭코치에게 교육을 받느냐에 따라 골퍼의 실력과 골프를 즐길 수 있는 마인드가 달라지게 됩니다.

그것은 티칭코치마다 레슨 방법이 각양각색으로 다양하고 그것을 이해하지 못해 중도 포기하는 골퍼도 있고 또 너무 재미있고 쉽게 배워 골프를 즐기는 골퍼도 있기 때문입니다.

그러나 많은 초보 골퍼들은 레슨시간과 비용이 부담스러워 제대로된 레슨을 받지 못하는 경우가 많습니다.

이런 상황에서 초보 골퍼들에게 골프를 체계적으로 배울만한 마땅한 학습서가 필요하다고 여겨져 알기 쉽고 이해하기 쉬운 책을 출간하게 되었습니다.

이 책은 골프의 기초지식이 빈약하거나 스스로 스윙의 기본부터 퍼팅, 골프장에서의 에티켓과 스코어 읽는 방법 등등, 골프 전반에 걸쳐 설명해 놓아 초보 골퍼들이 골프 전반을 이해하고 자신에게 맞는 스윙과 골프를 즐기시는데 도움이 되도록 구성되어있습니다.

CONTENTS

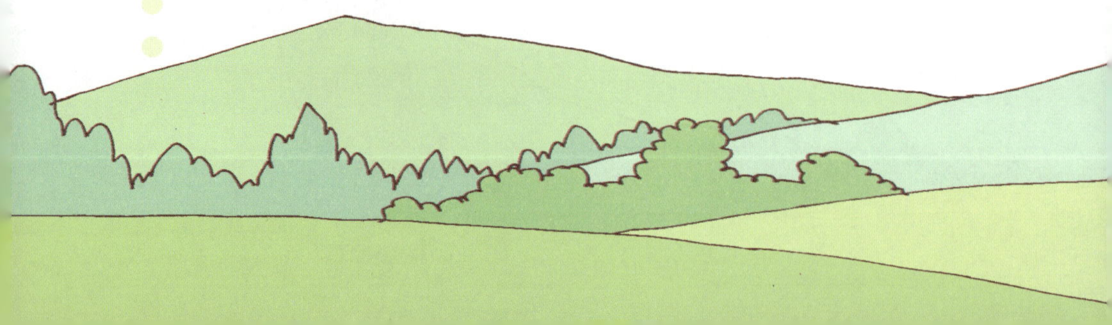

3번홀 골프용구

4번홀 기본자세 익히기

CONTENTS

7번홀 골프장으로 출발

8번홀 실전골프

CONTENTS

9번홀 스코어 익히기

골프룰

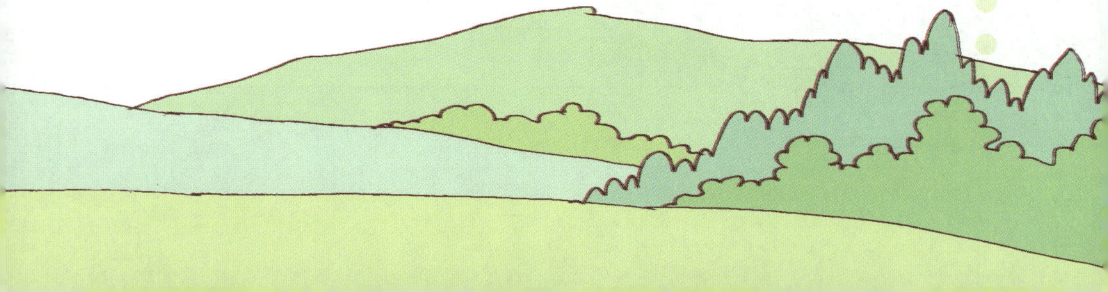

골프코스 용어

티잉 그라운드 – 티 그라운드라고도 부르며 플레이하게 될 홀의 출발장소

스루 더 그린 – 플레이하고 있는 홀의 티잉 그라운드, 그린, 모든 해저드를 제외한 모든 구역

아웃 오브 바운드 – OB라고 부르며 플레이가 허용되지 않는 코스 이외의 구역

목적 외의 그린 – 플레이중인 홀에 있는 그린 이외의 그린으로 서브 그린이나 연습 그린

퍼팅 그린 – 현재 플레이하고 있는 홀 내에 퍼트를 위해 설정 해놓은 구역

벙커 – 해저드의 하나로 지면에 있는 잔디와 흙을 파낸 후 모래 등을 넣어서 만든 구역

해저드 – 위험, 장애의 의미로 벙커, 워터 해저드, 래터럴 워터 해저드 등을 말한다.

1번홀

골프는 에티켓 스포츠

골프가 에티켓
스포츠라구?
그래!
신사 스포츠란 말
들어봤지?
신사 스포츠?
영국에서 시작되어서
그런 거니?
그래도
심판은 있을 거 아냐.
골프는 경기자 스스로
자신의 경기를 심판한다고
보면 돼.
스스로 자신의
경기를 심판한다고?

그거 괜찮은데?
골프의 에티켓에는 나름의 이유가 있지.
앞의 조가 치고있을 때 쳐서도 안돼.
그 이유는 위험을 방지하기 위해서이고…
흠.
또,
남의 경기를 방해해선 안 되고 자신에게만 유리하게 하지 말고
코스를 중요시 해야 하는 등의 기본원칙이 있어.
그… 그렇구나.

1 에티켓을 지키자!

골프는 룰 이전에 에티켓이 중요한 스포츠다.

다른 플레이어에 대한 배려는 골퍼로서의 기본항목이다.

에티켓 1

지각하는 사람은 골퍼로서의 자격이 없다.

에티켓 2

다른 사람이 티샷을 할 때는 조용히 한다.

에티켓 3

안전을 확인한 뒤에 친다.

에티켓 4

앞의 조 방향으로 공을 치지 않는다.

에티켓 5

한 사람이 다 칠 때까지 티업하지 않는다.

에티켓 6

경기도중 늑장을
부리지 않는다.

에티켓 7

볼을 찾을 수 있는
시간은 5분이다.

에티켓 8

다른 팀이 빨리 도착했
을 때는 패스시킨다.

에티켓 9

볼이 있는 곳에 갈 때는
클럽 2~3개를 가져간다.

에티켓 10

벙커에서 나올 때는
모래를 평평하게
고른 뒤, 들어간 곳으로
나온다.

에티켓 11

코스를 손상시키면
안 된다.

에티켓 12

샷을 할 때 클럽으로
인해 파손된 잔디는
제자리에 메워 놓는다.

에티켓 13

벙커는 낮은 쪽에서
들어가는 것이다.

에티켓 14

그린이 손상되었다면
퍼터헤드로 평평하게
눌러 원상복구한다.

에티켓 15

그린 위에서 거리를 측정하거나 퍼트선을 읽는 동작은 빨리한다.

에티켓 16

홀 아웃 후에는 그린에서 빨리 퇴장한다.

에티켓 17

복장은 남에게 불쾌감을 주지 않아야 하고 지정된 장소 이외는 금연한다.

2 골프경기를 진행하는 방법

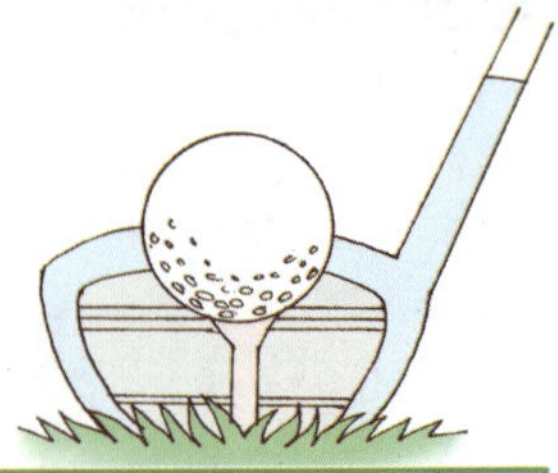

티잉 그라운드에서 티샷을 쳐서 그린 위의 홀에 공을 넣으면 그 홀의 경기가 끝나는 거야.
톡
통
보통 코스에서 경기할 땐 네 사람이 한 조를 이뤄
출발할 때부터 1라운드가 끝날 때까지…
그래서 1라운드가 끝날 무렵에는 아주 오랜 친구처럼 친해지지.
하~ 그래서 골프를 사교스포츠라고 하는구나.

3 경기 승패는 전체 스코어로…

하지만 그럼 잘하는 사람과 못하는 사람 차이가 너무 많이 나지 않을까?
…
못하는 사람은 우승 한 번 못해 볼 것 같은데…?
그래.
그래서 누구나 우승할 기회를 잡을 수 있도록 핸디를 적용하는 게 있어.
핸디?
핸디는 실력을 균형잡도록 하기 위해 정하는 그 사람의 능력, 역량, 기량과 같은 코스의 기준 타수와의 평균차로…
핸디캡을 정하는 데는 1개월간 3~5장의 카드를 핸디캡위원에게 제출하면 위원이 결정해줘.
아항~

4 스트로크 플레이, 매치 플레이

2번홀

골프장의 구조와 구성

1 골프 코스의 전체구성도

14번홀
13번홀
15번홀
12번홀
16번홀
3번홀
4번홀
17번홀
11번홀
2번홀
5번홀
18번홀
10번홀
6번홀
1번홀
7번홀
클럽 하우스
9번홀
8번홀
연습장
골프 코스에는 같은 코스는 하나도 없어.
자연 조건을 살려 숲 · 구름 · 산악 · 강가 · 해변 등등 다양한 코스가 있지.

2 1라운드는 18홀

그런데 골프장은 모두 18홀로 되어 있는 거니?
아니 27홀, 36홀, 72홀이나 되는 코스들도 있어.
1라운드는 18홀로 규정된 거 아냐?
정식경기는 1라운드가 18홀이지만
아마추어들끼리는 때론 1하프도 하는 것 같아.
1하프?
1하프는 1라운드와 하프라운드 즉, 27홀을 말해.

3 프런트 나인Front9과 백 나인Back9

골프 코스의 홀 배치도(과거)

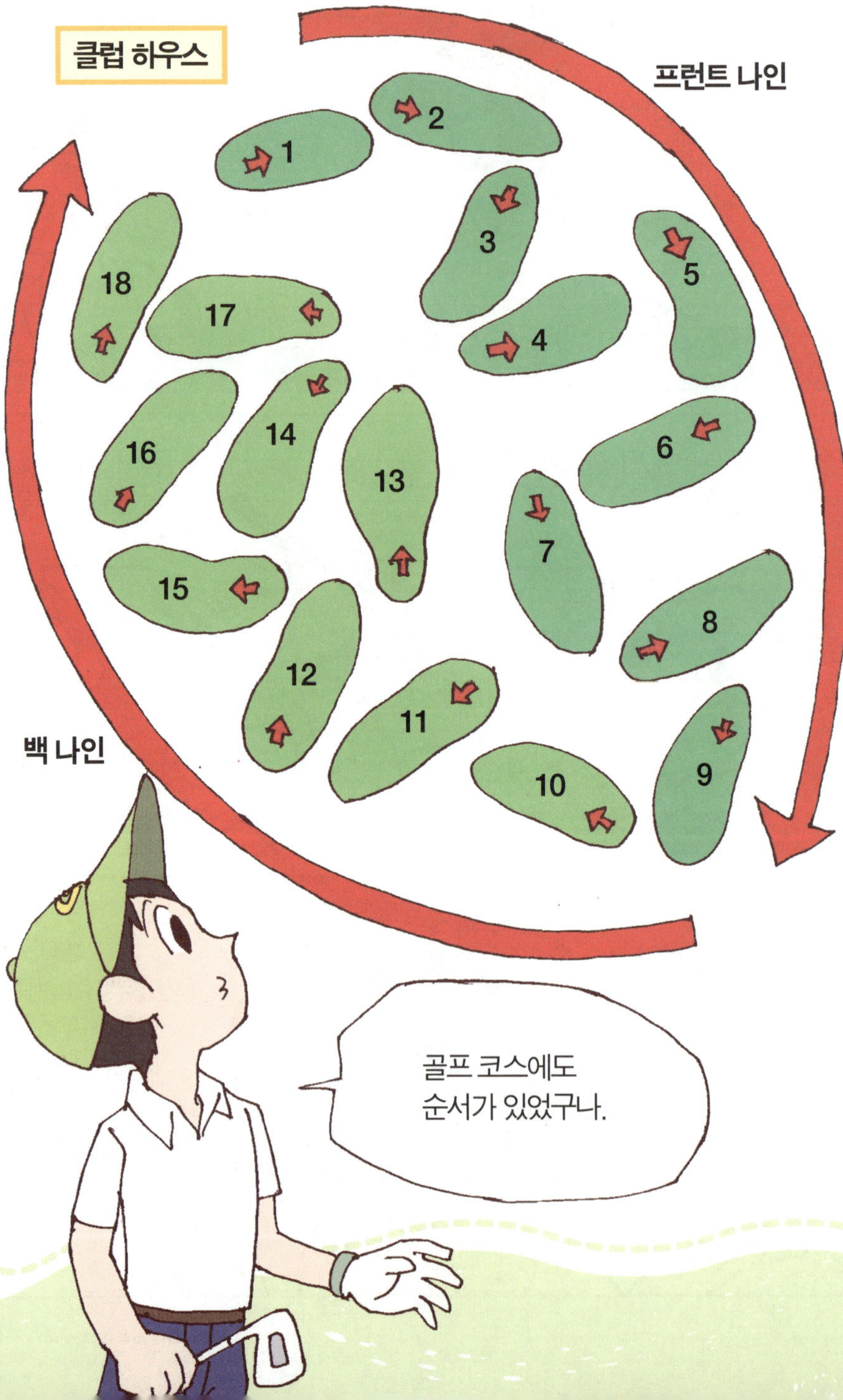

골프 코스의 홀 배치도(현재)

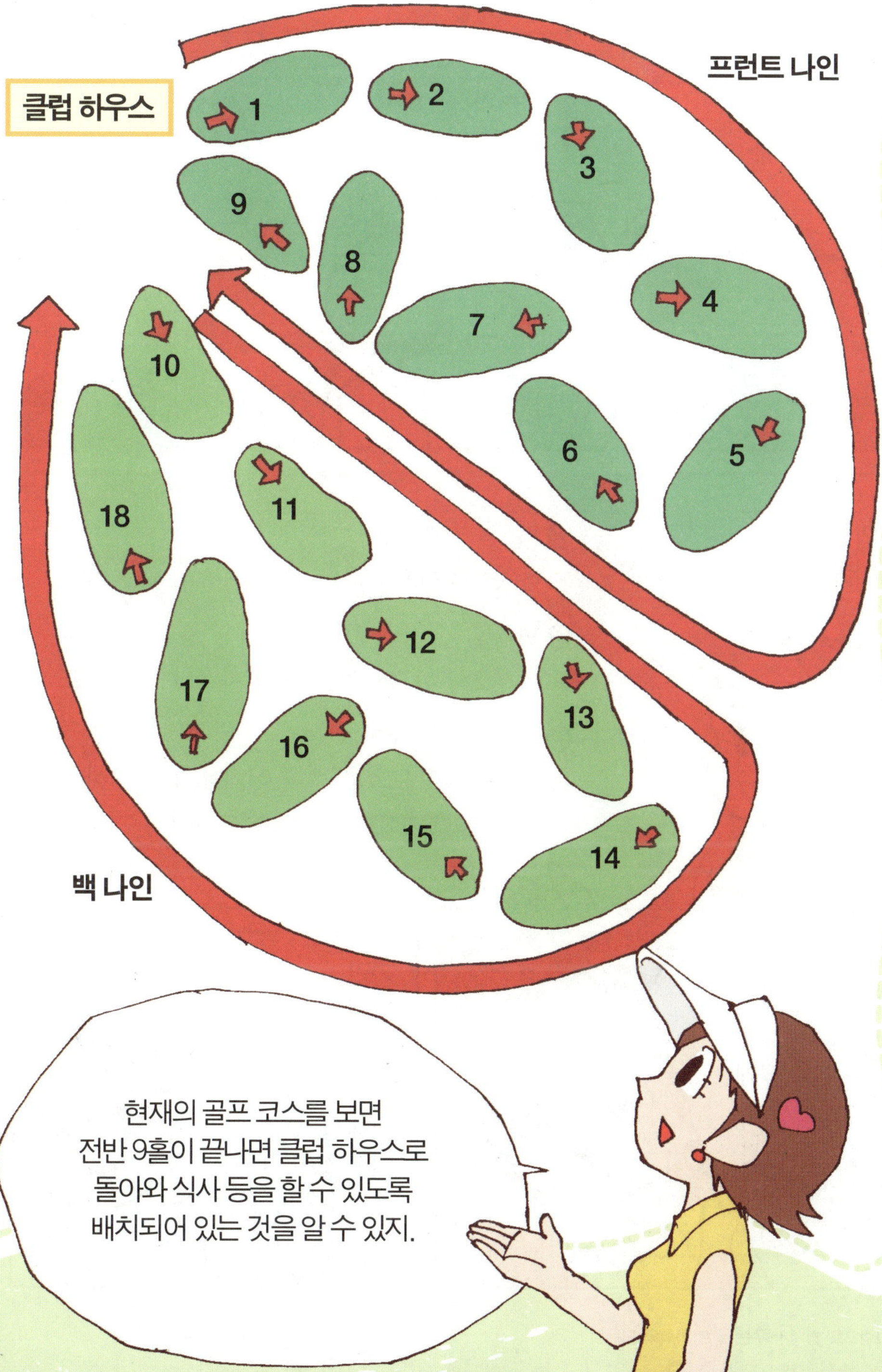

현재의 골프 코스를 보면
전반 9홀이 끝나면 클럽 하우스로
돌아와 식사 등을 할 수 있도록
배치되어 있는 것을 알 수 있지.

4 홀의 편성과 파

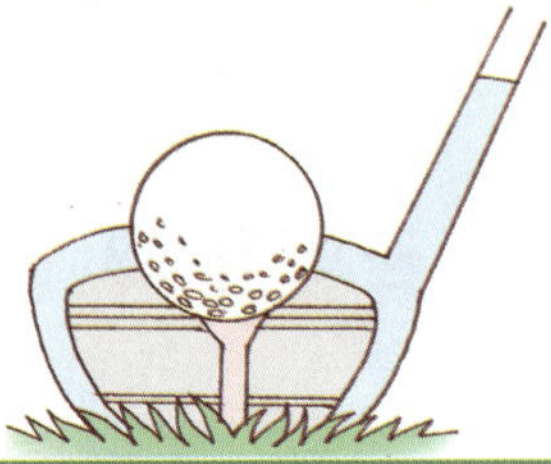

홀은 홀에 따라 크기가 다른데…
홀에는 파3홀, 파4홀, 파5홀이 있어.
홀의 종류와 길이를 살펴보자.
❶ 파3홀
• 남자 250야드 이하 • 여자 210야드 이하
❷ 파4홀
• 남자 251~470야드 • 여자 211~400야드
❸ 파5홀
• 남자 471야드 이상 • 여자 401~575야드
※(여자의 576야드 이상 홀은 파6이 됨.)
프런트 나인과 백 나인에는 각 파3홀이 두 개, 파4홀이 다섯 개, 파5홀이 두 개가 일반적이지.
가만, 그럼 파3홀이 넷, 파4홀이 열, 파5홀이 넷이니까 합해서 18홀이 되는 것이구나.

그런데
파(Par)가 뭐야?
파는 1홀마다의 기준타수를
말하는 것으로…
기준타수와 기준퍼트수를
더한 것이 그 홀의 파가
되는 거야.
!
그린에서 기준퍼트수는
어느 홀에서나 두 개로 계산하게
되어 있는데…
기준타수란
첫타를 치고난 후
그린에 오를 때까지의
타수를 말하고…
홀에 의한 기준타수는 파5홀에서
3타째, 파4홀에서 2타째, 파3홀에서
1타째로 정해져 있어.

• **미터(m)와 야드(Y)의 관계 :** 1m=1.0936Y→1m=1.1Y

미터(m)	10	20	30	40	50	60	70	80	90	100	150	200
야드(y)	11	22	33	44	55	66	77	88	99	110	165	220

※ 1m는 1.0936야드로 10m는 10.936야드, 100m는 109.36야드이다.
위 표는 거리 계산을 편리하게 하기 위해 1m를 1.1야드로 계산했다.

5 파3홀의 구성

파3홀이란 티잉 그라운드에서 그린까지의 거리가 250야드 이하(여자는 210야드 이하)의 홀을 말하는 것으로 파(par: 기준타수)는 3이다.

●●● 파3홀에서는 티잉 그라운드에서 한번 스윙(티샷, 1타)으로 볼을 그린에 올리고 그린에서 2퍼트(2타)로 홀 아웃(hall out: 한홀의 플레이를 마치는 것)하는 것이다.

6 파4홀의 구성

파4홀은 티잉 그라운드에서 그린까지의 거리가 251~470야드 이하의 홀을 말한다.

파는 4가 되고 파4홀에서는 티잉 그라운드로부터 2타에 그린에 볼을 올리고 그린에서 2퍼트(2타)로 홀 아웃한다.

7 파5홀의 구성

파5홀은 티잉 그라운드에서 그린까지의 거리가 471야드 이상의 홀을 말한다.

파는 5가되며 파5홀에서는 티잉 그라운드에서 3타에 볼을 그린에 올리고 그린에서 2퍼트(2타)로 홀아웃 한다.

8 홀의 구조

한 홀 한 홀
골프경기를 하는
그라운드를
말하는 거 아냐?
맞아.

그런데 그린 위의
구멍도 홀인데?
후훗, 맞아.

홀을 보면 곳곳에 연못이나
모래 등이 있는데 저런 건 경기에
방해되지 않아?
날 따라와,
홀에 대해
살펴보자.

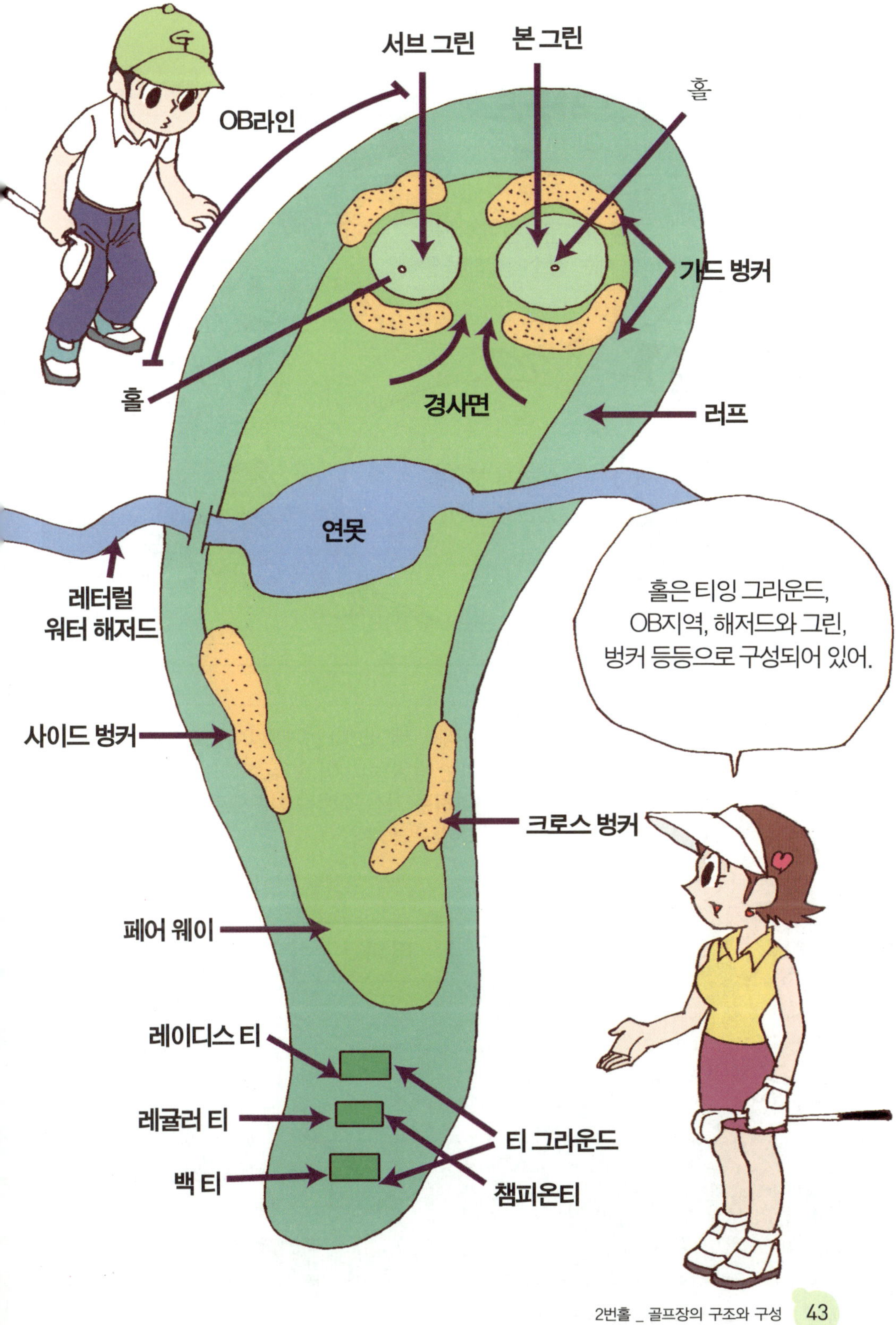
서브 그린
본 그린
홀
OB라인
가드 벙커
홀
경사면
러프
연못
레터럴
워터 해저드
홀은 티잉 그라운드,
OB지역, 해저드와 그린,
벙커 등등으로 구성되어 있어.
사이드 벙커
크로스 벙커
페어 웨이
레이디스 티
레귤러 티
백 티
티 그라운드
챔피온티

9 티잉 그라운드
Teeing Ground

티잉 그라운드는 세 종류가 있구나.
레이디스 티
여성들이 일반적으로 사용
레귤러 티
남성들이 일반적으로 사용
백 티
클럽 경기나 프로 골퍼들의 토너먼트 등에 사용
티잉 그라운드는 거리별로 백 티, 레귤러 티, 레이디스 티, 3가지인데 백 티는 클럽 경기나 프로 골퍼의 토너먼트 등에 사용되고, 레귤러 티는 일반 남성들이 사용해. 또 레이디스 티는 여성들이 사용하지.

10 OB out of bounds

초보자들은 곧잘
OB지역에 공을 많이 넣어.
OB지역
조심해서 쳐야겠구나.

11 페어웨이와 러프

홀 중앙의 잔디를 짧게 깎아 놓은 곳이 페어 웨이야.
폭은 보통 36~55야드 정도지.
뛰어놀기 딱 좋다.
그럼 페어 웨이 주위는 러프라는 얘기네?
러프
맞아. 러프는 잔디를 조금 깎은 세미 러프와 풀이 많은 헤비 러프로 나뉘어.
그래?

페어 웨이란 '항로', '통로' 라는 뜻으로 골프용어로 쓰일 경우 '장애물 없는 안전한 길' 이라는 의미가 돼.
따라서 이 페어 웨이로 공을 쳐나가는 것이 좋겠지.
그 반대로 러프는 잔디가 길게 자라 있거나 풀이 무성하기 때문에 그곳으로 공이 들어가면 공을 치기 어려워.
무조건 그곳으로 공을 치면 안 된단 말이군.
그까짓꺼 러프로 안 치면 되는 거 아냐?
척
내가 누구냐?
깔깔깔… 글쎄, 나중에 두고 보겠어.

12 그린과 홀

이곳이 퍼팅
그린이야.
그냥 그린이라고들
하기도 해.
이 그린에서 홀(구멍)에
공을 넣으면 그 홀의
경기가 끝이 난단
말이지?
그래, 가능하면 타수가
적게 홀에 넣어야 하고.
어? 그런데 왜 그린이
두 개나 있는 거야?
골프 코스에는 한 홀에
그린이 두 개 있는 곳이 많아.

왜?
잔디의 종류에 따라 겨울용 그린과 여름용 그린이 있어.
그렇지만 경기에 쓰이는 것은 한 가지 그린이야.
또 그린에는 홀이 있는데 크기는 직경 4.35인치(약108mm)에 깊이는 4인치(약100mm) 이상이고
깃대의 높이는 2.134미터(7피트) 이상이 되면 안되고…
홀의 위치는 변동되고 깃발을 세워 그 위치를 표시해.

13 벙커

이 모래로 된
구덩이는 뭐야?
코스 안에 있는 연못이나 강,
모래 등이 있는 장애물 지역을
해저드(hazard)라고 하는데…

그 중 모래를 넣어둔 곳을
벙커라고 불러.
벙커도 여러 종류가
있지 않아?

벙커의 종류를
살펴보자.
가드 벙커 : 그린 주위에 있는
벙커로 그린에 올리는데 실패한
공을 건져낼 수 있다.
크로스 벙커 : 페어 웨이를
가로지르듯 있는 벙커.
벙커가 많을수록
어렵겠어.
글라스 벙커 : 풀로
뒤덮인 웅덩이를
말한다. 보통 러프로
취급한다.
사이드 벙커 : 페어 웨이와
평행으로 배치되어 있는
벙커로 좌우로 흐른 공을
잡아낼 수 있다.

14 워터 해저드

코스 안에 있는 강이나 연못 등의 장애물 지역을 워터 해저드라고 해.
워터 해저드?
워터 해저드는 래터럴 워터 해저드라고 부르는 것도 있어.
래터럴 워터 해저드? 그건 또 뭐가 다른데?
래터럴(lateral)은 '옆의', 측면의' 라는 뜻이지. 따라서 '측면의 워터 해저드' 가 되는 것이야.
그래서 골프용어로 '병행 워터 해저드' 라고 불러.

병행 워터 해저드는
페어 웨이나 러프선에 대해
측면 또는 병행되는 것이야.
그렇구나.
래터럴(병행)
워터 해저드
워터 해저드
여기서 잠깐!
래터럴 워터 해저드 안의
공에는 워터 해저드의
규칙을 적용할 수
없답니다.

15 타수를 부르는 명칭!

파3, 파4, 파5 등
각홀의 기준 타수를
파(par)라고 했지?
응! 그런데 왜?
파보다 적거나
많은 타수로
홀아웃 했을때에
따라 부르는
명칭이 있어.
그게 뭔데?
옆의 표를 보면
쉽게 이해할 수
있을 거야.
그래?

명 칭	파(par)	설 명
알바트로스 Albatross	-3	파4홀 이상에서 파보다 3타 적은 타수로 홀 아웃 하는 것, 파5홀에서 2타로 홀 아웃 하는 경우를 말한다.
이글 Eagle	-2	파보다 2타 적은 타수로 홀 아웃 하는 것, 파5홀은 3타, 파4홀은 2타로 홀 아웃 하는 것을 말하며 파3홀은 1타로 넣어야 이글 스코어가 되지만 이글이라 하지 않고 홀인원이라고 한다.
버디 Birdie	-1	파보다 1타 적은 타수로 홀 아웃 하는 것, 파5홀은 4타, 파4홀은 3타로 홀아웃하는 것을 말하며 파3홀은 2타로 로 홀 아웃 하는 경우를 말한다.
파 Par	0	각 홀의 기본 타수로 홀 아웃 하는 것.
보기 Bogey	+1	파보다 1타 많은 것을 말하며 1오버파라고도 한다.
더블보기 Doubie Bogey	+2	파보다 2타 많은 타수로 2오버파라고도 한다.
트리플보기 Triple Bogey	+3	파보다 3타 많은 타수로 3오버파라고도 한다.
쿼드러블보기 Quardruple Bogey	+4	파보다 4타 많은 타수로 4오버파라고도 한다.
퀸튜플보기 Quintuple Bogey	+5	파보다 5타 많은 타수로 5오버파라고도 한다.
더블파 Doubie Par	×2	파의 2배 타수로 홀 아웃 한 것을 말한다.
홀인원 Hole in one		티잉 그라운드에서 친 볼이 한 번에 홀컵에 들어가는 것을 말한다.
듀스 Deuce		1홀을 2타만에 끝내는 것.

16 마운드와 버티칼해저드

3번홀

골프용구

1 클럽의 종류

골프를 제대로 즐기기 위해서는 자기자신에게 맞는 클럽이 필수야.
클럽도 종류가 많은가 보네.
클럽은 스윙 목적이나 상황에 맞게 몇 가지로 구분해서 사용해야 해.
클럽의 종류가 몇 가지야?
라운드할 때 최고 14개까지 사용할 수 있는데
좀 자세히 설명해 줘.
클럽은 크게 우드(Wood) 클럽과 아이언(Iron) 클럽, 퍼터(Putter)의 3종류로 나눌 수 있어.

클럽은 최소한 우드는
1번과 3번, 아이언은 5번, 7번, 9번,
퍼팅용 골프채, 샌드웨지가 필요해.
골프채는
여러 개를 갖추어야
하는구나.
만약
여유가 있다면
우드 5번과
아이언 8번,
피칭웨지를
갖추면
더 좋구.
그런데 있지~
우드는 뭐고… 아이언은 뭐야?
골프채는 크게 나누면
우드와 아이언 두 가지 종류가 있어.
…
우드
아이언

우드(Wood)클럽

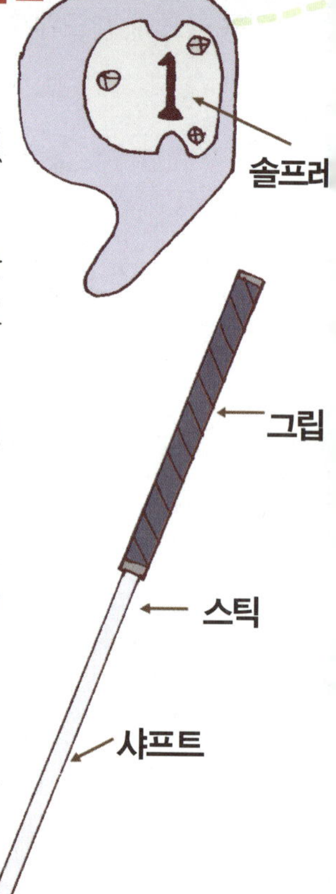

우드 클럽은 헤드 부분이 나무로 만들어져 있어서 우드라고 불렀다.

요즘은 티타늄이나 스테인리스 등의 소재로 만들어진다. 우드 클럽 헤드는 반원 모양으로 샤프트가 길어 비거리를 내는 것이 주목적이다.

따라서 티샷이나 거리를 많이 보내야 하는 세컨샷에서 사용한다.

우드 클럽은 1번에서 5번 클럽까지로 클럽의 번호가 증가할수록 로프트는 커지고 샤프트는 짧아진다.

번호가 커질수록 공의 비거리는 줄어든다.

남성은 주로 1번, 3번, 4번, 5번 클럽을 준비하는 것이 일반적이고 여성은 1번, 3번, 5번, 6번의 4가지를 준비한다.

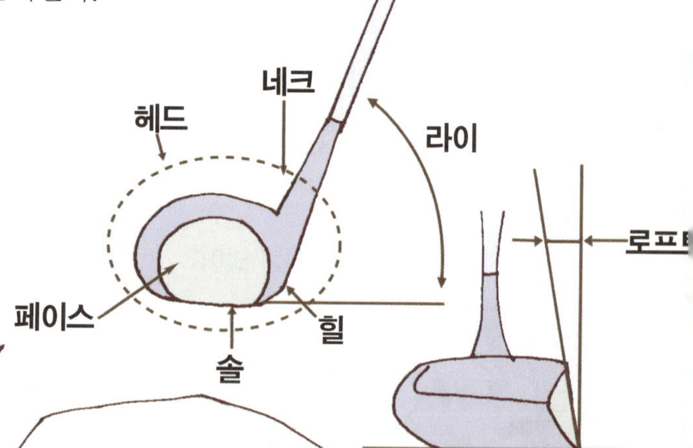

아이언 클럽은 헤드 부분이 우드에 비해 작고 가는 형태이다.

재질은 연철이나 특수 스테인리스, 티타늄 복합제 등의 금속이다. 우드 클럽이 볼을 멀리 보내기 위해 사용되는 반면 이 클럽은 그린 위에 볼을 올리기 위해 사용한다.

아이언 클럽은 샤프트 부분이 짧아 사용하기 쉬워 초보자들이 연습용으로 사용한다.

우드와 마찬가지로 번호가 커질수록 공이 높이 날아가며 비거리는 짧아진다.

남성은 주로 3~9번까지 7가지를 준비하며 여성은 주로 4~8번까지 5가지를 준비하는 것이 일반적이다.

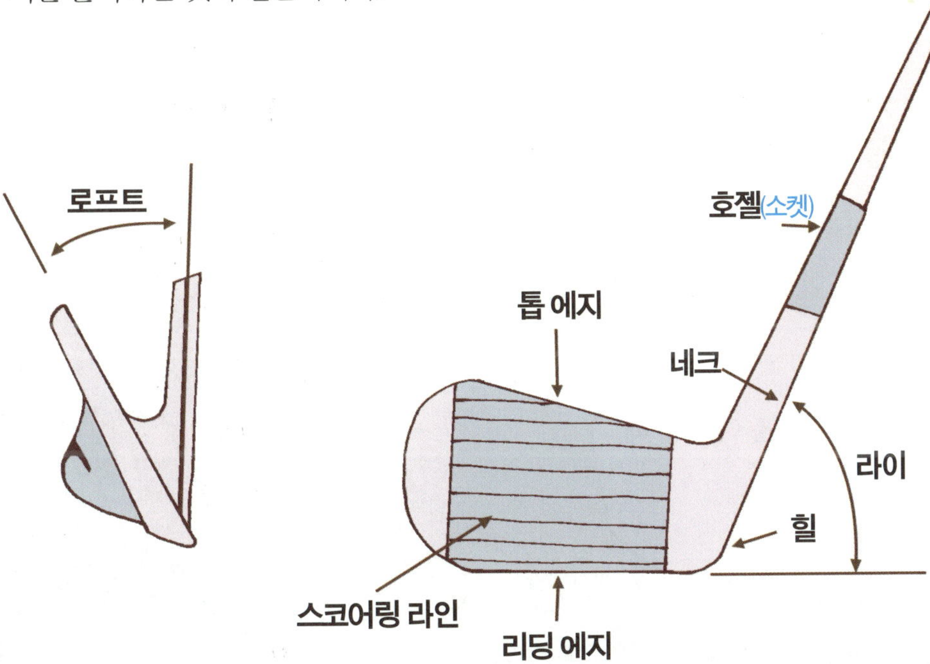

이외에도 퍼터와 샌드웨지,
피칭웨지 등이 있어.
피칭웨지
샌드웨지
이 클럽들은
어떤 때
사용하는 거니?
샌드웨지는 벙커에서
공을 꺼낼 때 사용하는 클럽이고
와
퍼터는 마지막 홀 아웃 할 때
쓰는 클럽이야.
클럽의 종류가
굉장히 많구나.

공을 날리는 거리는 치는 방법과 세기로 조절하는 것이 아니라 클럽을 바꿔가며 조절하는 거야.
아하~
파5홀의 2타째, 거리가 180야드 이상이면 우드 3번이나 5번, 아이언3번, 4번을 쓰고
1800야드 이상
남은 거리가 160야드라면 아이언 5, 6번, 100야드 이내면 8번, 9번이나 피칭웨지를 사용하는 것이지.
1000야드
1600야드

핑형(토우앤드힐형)

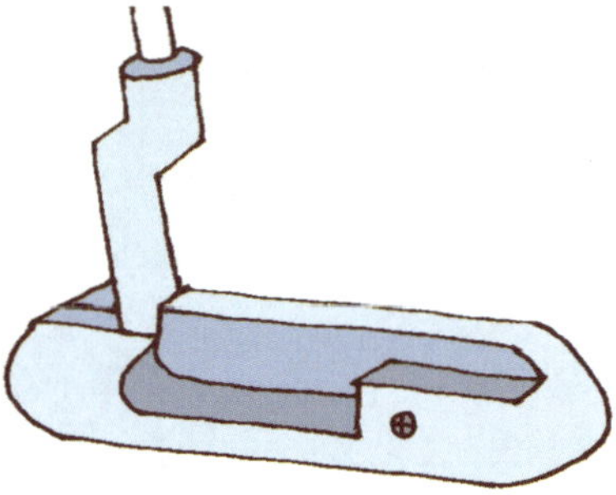

헤드의 토우와 힐의 무게를 분산해 공을 잘못쳤을 때에 생기는 회전시의 오차를 최소화하는 클럽으로 볼이 중심을 벗어나도 퍼팅 실수가 크게 나지 않는 구조로 대중적으로 많이 사용되고 있다.

L자형

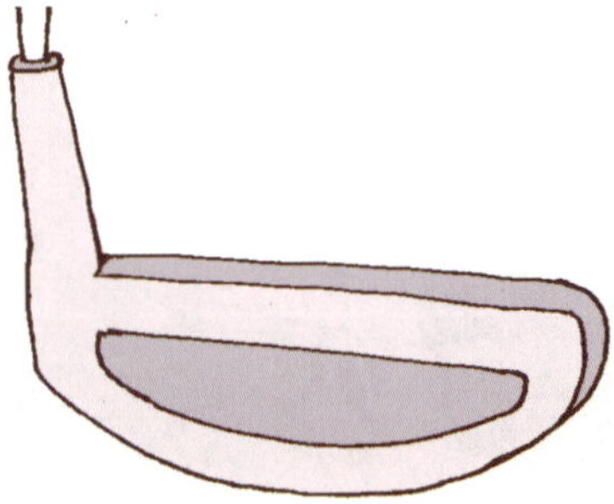

샤프트가 힐에 붙어 있는 형태로 아이언 샷에 가까운 퍼팅을 할 수 있다. 타구감이 손에 잘 전해져 미묘한 컨트롤을 하기 좋다. 상급자용이다.

T자형

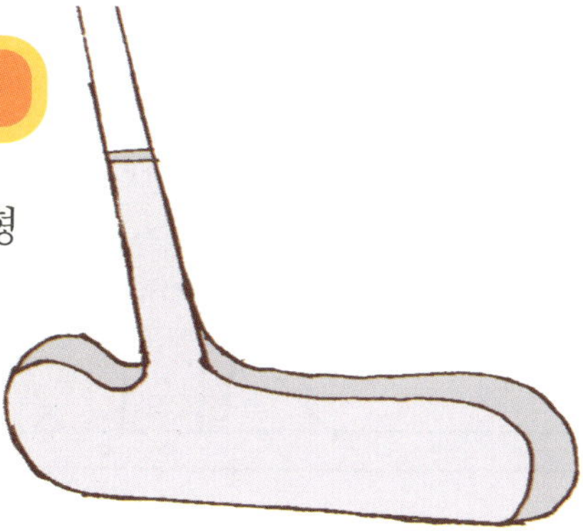

샤프트가 헤드의 중앙에 붙어 있는 형태로 타구감과 스위트 스팟이 엄격한것이 L자형과 비슷하며, 팔의 강약으로 퍼팅하는 골퍼들이 사용하는 클럽이다.

D자형

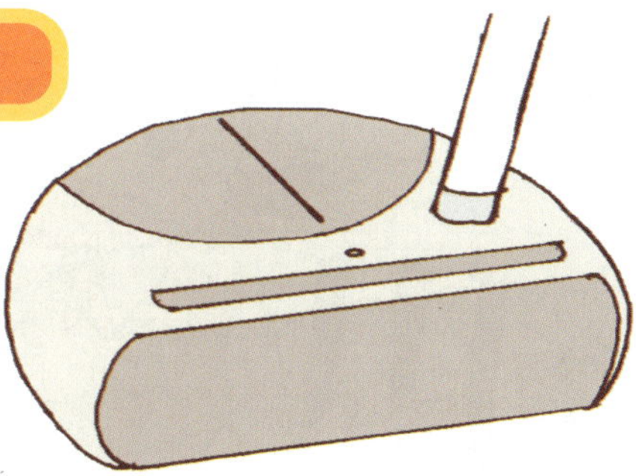

프로 골퍼들이 주로 사용한다. L자형이 아이언 감각이라면 D자형은 페어 웨이 우드의 감각과 비슷하다. 두꺼운 솔을 잔디 위에서 미끄러트리는 이미지로 퍼팅하면 안정감을 느낀다.

가장 인기있는 퍼터는 핑형이라 해도 자신이 직접 써본 뒤 선택하는 것이 가장 바람직해.
가격이 비싸다고 볼이 잘 들어가는 것이 아니니까 싸더라도 자신에게 맞는 퍼터를 골라야겠지.
하지만 한번 결정한 퍼터는 오래 사용해 익숙해지도록 해야 해.
퍼팅이 제대로 안 된다고 계속 퍼터를 바꾼다면 오히려 퍼팅 실력을 감소시키게 돼.
음.
퍼터를 어느 정도 사용해 익숙해지면 그 퍼터가 가진 본래의 장점을 느낄 수 있게 되어서 실력도 향상되게 되어 있어.
선택도 중요하고 꾸준한 연습도 중요하단 말이지?

클럽의 풀세트의 명칭과 모양

우드 클럽	아이언 클럽	피칭 / 샌드 / 퍼터

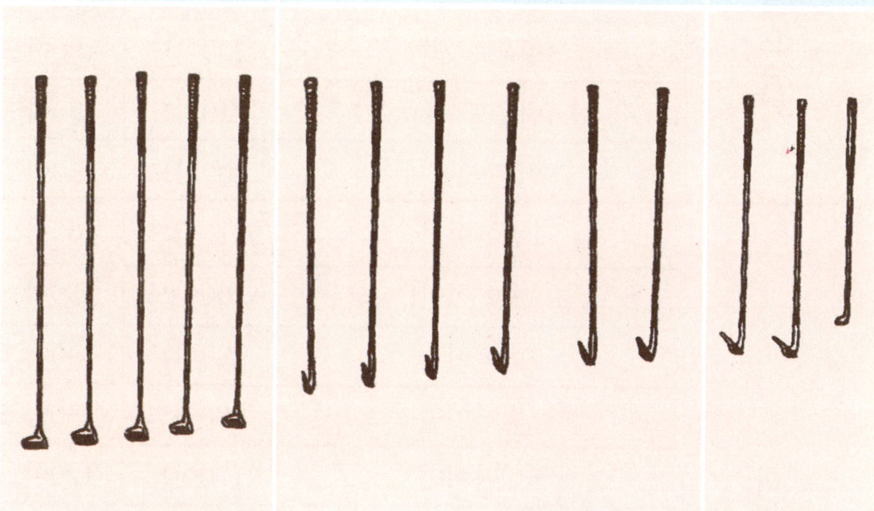

클럽의 적정 비거리

종	류	남 자	여 자
우드 클럽	1번우드(드라이버)	240야드	200야드
	2번우드(브러시)	230야드	190야드
	3번우드(스푼)	220야드	180야드
	4번우드(버피)	210야드	170야드
	5번우드(클릭)	200야드	160야드
아이언 클럽	1번아이언	210야드	160야드
	2번아이언	200야드	150야드
	3번아이언	190야드	140야드
	4번아이언	180야드	130야드
	5번아이언	170야드	120야드
	6번아이언	160야드	110야드
	7번아이언	150야드	100야드
	8번아이언	140야드	90야드
	9번아이언	130야드	80야드
	피칭웨지(PW)	120야드	70야드
	샌드웨지(SW)	70야드	50야드

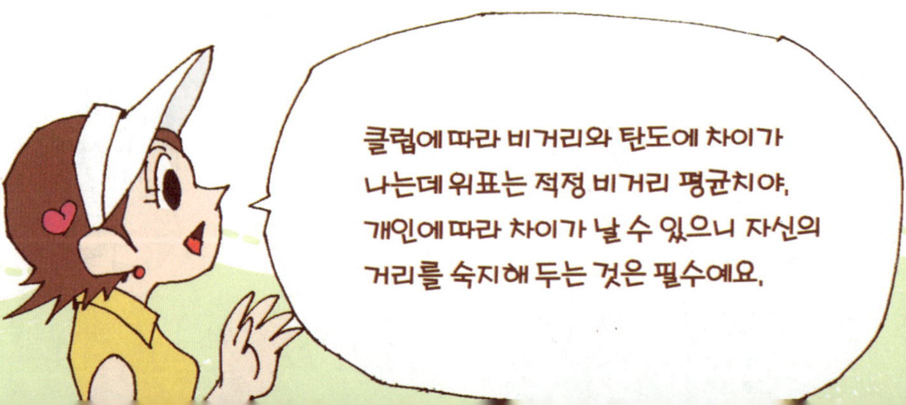

클럽의 구조와 명칭! 2

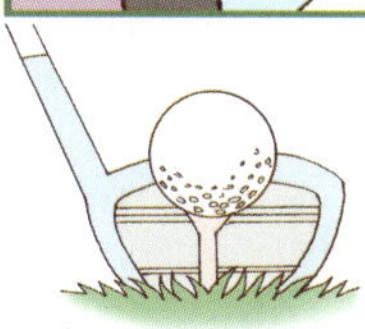

클럽 페이스의 로프트도 클럽마다 차이가 있다.

로프트는 볼을 띄우는 역할을 하고 로프트가 클수록 클럽 페이스의 각도가 커 볼이 높이 뜨고 비거리는 짧아진다.

클럽이 지면에 맞게 됐을 때 지면과 샤프트 사이에 생긴 각도를 라이각(라이)이라고 하는 데 클럽의 번호가 클수록 라이각이 크다.

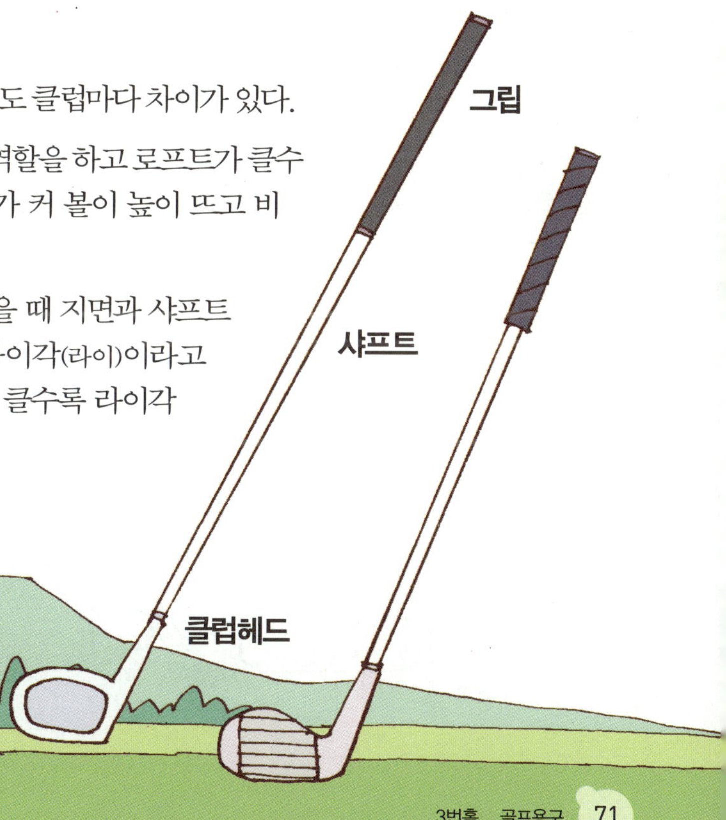

그립은 클럽의 손잡이 부분으로 고무재질이 많다. 가죽재질의 그립은 미끄럽고 경기규칙상 퍼터 이외의 클럽은 그립의 횡단면을 원형으로 규정하고 있다. 따라서 그립을 잡기 쉽게 울퉁불퉁하게 만드는 것은 규칙위반이다.

우드 클럽

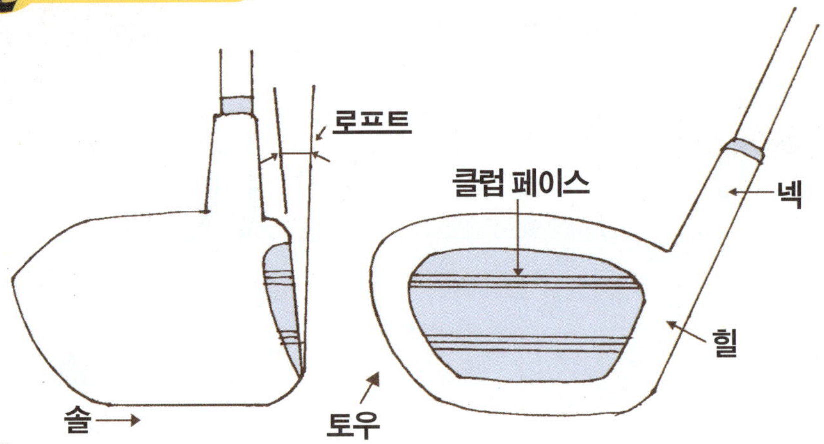

아이언 클럽

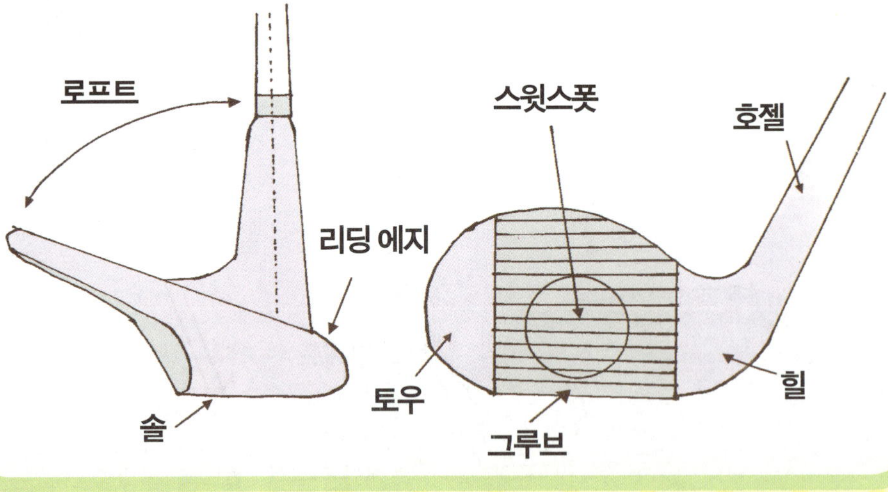

클럽을 선택하는 법 3

클럽 선택에 있어서
가장 중요한 것은
자신의 몸에 맞는
클럽을 선택하는 거야.
초보자에게는
좀 어려울 수 있어.
클럽은 가격이 비싼만큼
한번 구입으로 오랫동안
사용해야 해.
어디~
나도…
네게 맞는 클럽을
골라 봐.
난 길이가 적당한 게
편할 것 같은데…
그럼 그게 네 몸에
맞는 길이의 샤프트야.

• **클럽의 길이**(남성 170cm, 여성 165cm기준. 단위:인치)

종	류	남 자	여 자
우드 클럽	1번(드라이버)	43	42
	2번(브러시)	42	41.5
	3번(스푼)	41.5	41
	4번(버피)	41	40.75
	5번(클릭)	40.5	40.5
아이언 클럽	3번	38.5	37
	4번	38	36.75
	5번	37.5	36.5
	6번	37	36
	7번	36.5	35.5
	8번	36	35
	9번	35.5	34.5
	pw/sw	35	34

또 우드 클럽의
헤드는 금속으로 만든
메탈헤드가 주류를
이루고 있는데…
메탈헤드의 소재는 스테인리스,
티타늄, 알루미늄 등이 쓰여.

이 중 초보자가
다루기 쉽고
저렴한
메탈헤드는
스테인리스 재질의
클럽이고…
티타늄이나 알루미늄
합금으로 된 클럽은
고가이고 초보자들이
다루기가 어려운 점이
있어.

초보자용 우드 클럽 헤드

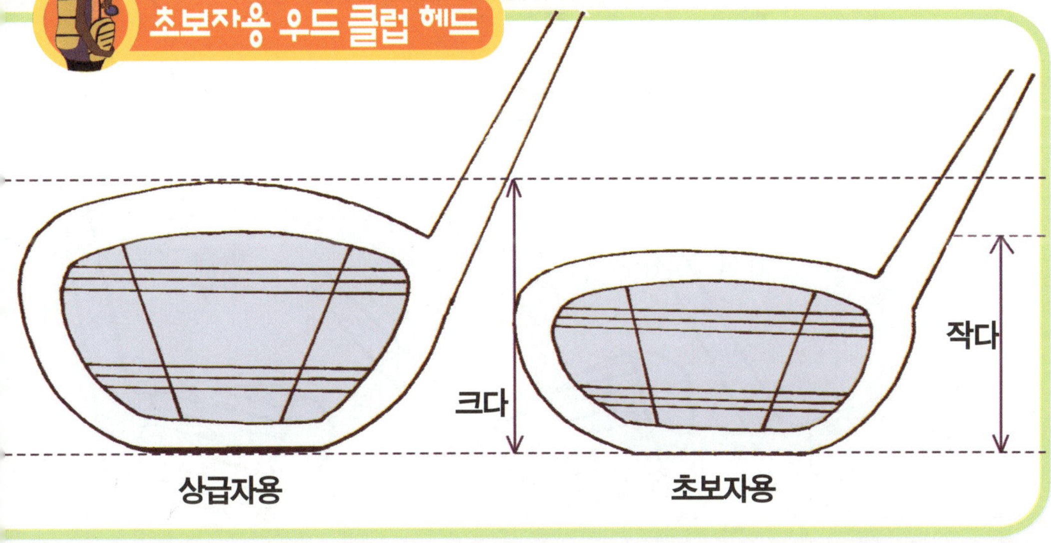
크다
작다
상급자용
초보자용

그리고 또 한가지
골프채에는 라이각도라는
각도가 있어.
자신에게 맞는 클럽을 쓰면
임팩트 순간 라이각도가
바르게 유지되지만

자신의 몸에 맞지 않는 클럽을 사용하면
임팩트 순간 클럽과 공이 제대로 맞지 않는다.
샤프트가 길다
샤프트가
짧다
타구 중심
공
꼭 자신에게 맞는
클럽을 써야겠구나.

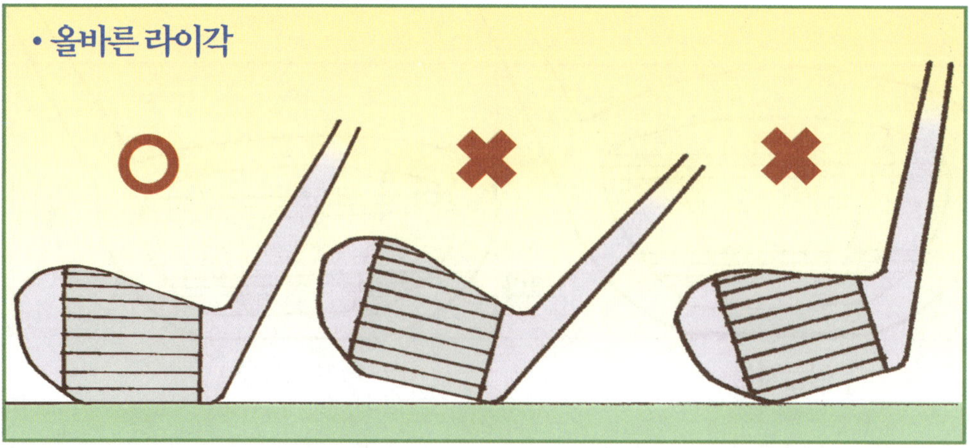
• 올바른 라이각

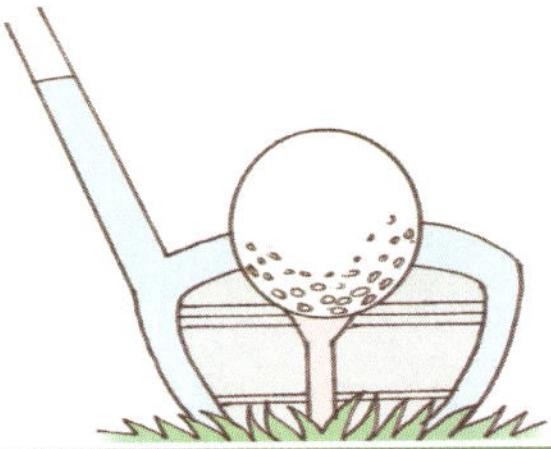

4 클럽의 로프트 · 라이 · 비거리

로프트 각도가 크면 공이 높이 날기는 하지만 멀리 가지는 않는다.
반대로 로프트 각도가 작으면 공이 낮게 나는 대신 멀리 날아간다.

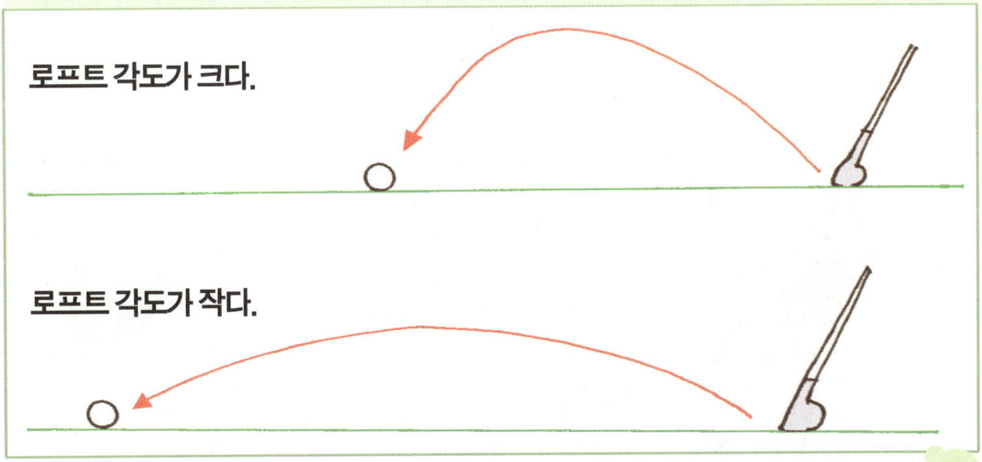

종류		로프트(표준)	라이각(표준)	비거리	
				남자	여자
우드 클럽	1번우드(드라이버)	11 °	53 °	240야드	200야드
	2번우드(브러시)	13 °	54 °	230야드	190야드
	3번우드(스푼)	16 °	55 °	220야드	180야드
	4번우드(버피)	19 °	56 °	210야드	170야드
	5번우드(클릭)	22 °	57 °	200야드	160야드
아이언 클럽	1번아이언	18 °	53 °	210야드	160야드
	2번아이언	20 °	54 °	200야드	150야드
	3번아이언	24 °	55 °	190야드	140야드
	4번아이언	28 °	56 °	180야드	130야드
	5번아이언	32 °	57 °	170야드	120야드
	6번아이언	36 °	58 °	160야드	110야드
	7번아이언	40 °	59 °	150야드	100야드
	8번아이언	44 °	60 °	140야드	90야드
	9번아이언	48 °	61 °	130야드	80야드
	피칭웨지(PW)	54 °	62 °	120야드	70야드
	샌드웨지(SW)	58 °	63 °	70야드	50야드

5 클럽의 강도와 스윙의 무게

샤프트가 연하면
헤드는 몸의 회전보다
늦어져.
그래서 클럽은
가볍게 돌아가지만
공은 강하게 칠 수
없게 되는 것이지.
그런데
그 스윙
무게라는게
뭐야?
아~
쉽게 말해서
클럽의 밸런스라고
할 수 있어.
응.
같은 클럽이라도
손잡이를 잡았을때와
헤드를 잡았을 때
느끼는 클럽의
무게가 다르지?

그건 바로 중심이
손목 가까이에 있느냐
아니냐에 따라 달라져.
그래?
같은 무게의 클럽이라도
중심이 손목에 있는 것은 가볍게
느껴지고 헤드 가까이에 있는 것은
무겁게 느껴지기 때문이지.
그립
중심
샤프트
무겁게
느껴진다
가볍게
느껴진다
헤드
그래서 남자는 단단한 클럽이 좋고,
여자는 연한 클럽이 좋아.
그리고 젊은 사람은 무겁고
단단한 스틸 샤프트가 좋지만
나이든 사람은 가볍고 연한
카본 샤프트로 된 클럽이
좋을 거야.
흠.

6 골프공

골프공에는
왜 이런 홈이
있는걸까?
그 홈을
딤플이라고 해.
딤플은 300개 이상 나 있는데
제조업체에 따라 숫자의 차이는 있어.
딤플은 공기가 작용해 나는 속도를
좌우하는데 딤플 수가 많을수록 공이
낮게 날고 바람의 영향을 적게 받아.
여기 보면 같은 공인데
컬러 마크가 찍혀 있어.
빨간 마크와 검은 마크의 공은
강도가 다른 거야.

강도?
그게 뭔데?
공에 있는
강도(컴프레션)라는
것은…
공은 클럽과의 임팩트 순간
변형, 반발해.
임팩트
단단한 공은
무른 공보다 반발력이
강해서 잘 날게 되겠지.
그럼 단단한 공만
사용하면 되겠다.

• **컴프레션과 특징**

번호의 색	컴프레이션	경 도	특 징
검정색	100	딱딱함	프로나 힘 있는 남자용
빨간색	90	보통	일반 남자용
파란색	80	부드러움	힘이 부족한 남자나 일반 여자용
녹색	70	매우부드러움	힘이 약한 여자용
여성 전용	70~80	부드러움	여성 전용

그외에도 체력이 약한 사람들이 사용하는 파란(녹색) 마크나 여성용 공들도 있어.
그렇구나.
처음에는 빨간 마크의 공이나 파란(녹색) 마크로 된 공이면 충분해.
흠.
그렇지만 여름에는 검은 마크의 공을 사용하고 겨울에는 빨간 마크의 공을 사용하기도 하는데…
왜? 여름과 겨울은 왜 다른 공을 사용하는 거야?
골프공은 고무로 되어 있어서 날씨가 추우면 단단해지니까 쳤을 때 무르게 느껴지는 공을 고르는 것이지.

원피스볼

원피스볼은 볼 전체가 하나의 복합탄성체(고무와 합성수지의 복합체)로 되어 있으며 장점은 가격이 저렴한 것이고 단점은 타구감각 · 감촉 · 비거리 · 스핀(볼의 회전)이 떨어진다.

초보골퍼의 경우 볼을 많이 잃어버리는 경우가 있어서 초보 골퍼들이 원피스볼을 많이 사용하고 연습볼로도 사용된다.

투피스볼

합성 고무는 대부분 경질 고무를 사용하는데 타구시 반발이 강해 잘 날아간다.

그래서 볼의 런이 많아 장타를 내는 장점을 가지고 있는 반면 단점은 타구시 느낌이 딱딱하고 스핀(볼의 회전)이 잘 걸리지 않아 정확성이 떨어진다.

스리피스볼

스리피스볼은 하나의 심(코어)을 2개의 커버로 싼 3중구조로 심(코어)을 고무실로 감은 것을 실감개볼이라고 한다.

이 볼은 비거리가 떨어진다는 단점이 있지만 터치가 부드럽고 스핀(볼의 회전)이 잘 걸려 원하는 곳에 볼을 정확히 보낼 수 있는 장점이 있다.

프로들과 싱글 골퍼들이 주로 선호하는 공이다.

대체 어떤 공이 좋다는 거야?
구조상 스리피스공은 스핀이 잘 걸리고 공이 잘 멎어.
투피스공은 직선으로 날아가기 때문에 멀리 가고 공이 깨지거나 흠집이 적게 나지.
딱
그리고 공의 크기는 라지와 스몰 사이즈가 있는데 작은 것은 지름 41.15mm고 큰 것은 지름 42.67mm야.
흠~ 일단 내게 맞는 공을 골라야 되겠어.

7 골프화, 장갑, 캐디백, 기타

골프는 단순히 장거리를 걷는 운동이 아니다. 라운딩을 하는 동안 18홀을 돌며 최소 8km 이상을 걷는데 기복이 심한 코스를 걸으며 거친 스윙을 해야 한다.

무리한 스윙으로 발을 안전하게 하기 위해서는 골프화는 필수다. 따라서 발에 맞는 골프화를 신지 않으면 피로와 통증을 느낄 수밖에 없다.

골프화를 처음 구입하는 초보 골퍼의 경우 골프화 케이스도 함께 구비해 라운딩을 대비해야 한다.

장갑

클럽을 잡은 손이 미끄러지지 않도록 왼손(왼손잡이는 오른손)에 장갑을 끼면 손에 힘을 빼도 클럽을 단단히 잡을 수 있다.

장갑은 약간 조이는 것이 좋고 한 코스당 2~3개 정도 지참하는 것이 좋다.

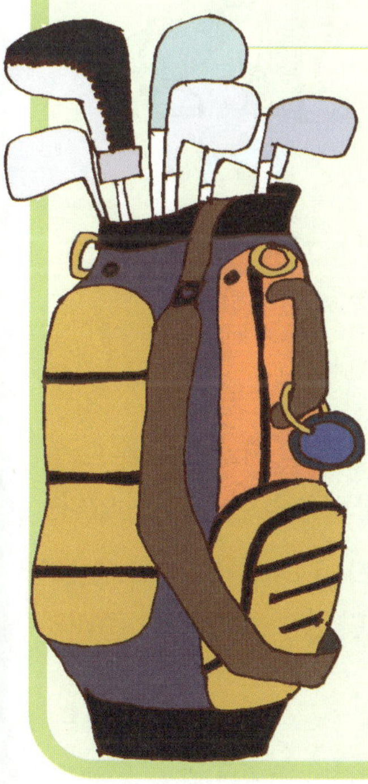

캐디백

캐디백은 클럽을 넣어 가지고 다니는 케이스로 클럽 외에 볼 · 장갑 · 티페그 · 볼마커 · 모자 · 우산 · 비옷 · 타월 · 비닐커버등도 들어간다.

캐디백의 평균 사이즈는 8~9.5인치로 크기에 따라 14개들이와 8개들이가 있다. 캐디백 자체 무게는 3킬로그램이상이고 클럽 무게까지 더하면 7~10킬로그램 이상이다.

따라서 한 번 구입으로 오랫동안 사용하므로 신중하게 선택해야 한다.

보스턴백과 골프화 케이스

보스턴백이란 갈아입는 옷과 자질구레한 물건등을 넣는 가방이고 골프화는 골프화 케이스 가방에 넣어 가지고 다닌다.

초보 골퍼들의 경우 캐디백과 세트로 구입해 백을 통일시켜 가지고 다니기도 한다.

캐디백 · 보스턴백 · 골프화 케이스 3가지를 갖추었다면 훌륭한 골퍼로의 첫 입문을 잘 마친 것이다.

티= 티페그(tee-peg)

티샷할 때 볼을 놓는 받침대로 티페그는 우드 클럽용의 긴 것과 아이언 클럽용의 짧은 것이 있다.

환경을 생각하는 골퍼라면 나무로 된 티페크가 좋다. 티페그는 라운드당 10~20개 정도 준비하면 좋다.

마커 = 볼마커(ball marker)

그린에서 볼을 주워들 때 표시하는 표적으로 500원짜리 동전이나 외국 동전을 마커로 사용하는 사람들도 있다.

그린포크

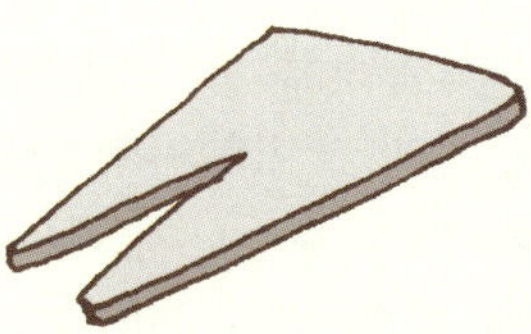

볼이 강한 속도로 그린에 떨어지면 그린에 흠집이 생길 수 있다. 그린포크는 그린에 생긴 흠집을 회복시키기 위해 사용하는 장비로 비가 오는 날 그린이 촉촉한 경우 특히 필요한 도구다.

기타 장비

그밖에 장비로 모자 · 우산 · 양말 등이 있다. 모자는 여름철 일사병에 걸리지 않도록 쓰면 좋고 우산은 경기도중 비가 내릴때를 대비해 갖추어두면 편리하다.

8 골프웨어

골프는 신사와 숙녀의 스포츠로 반드시 골프웨어를 입고 코스에 나가야 한다. 남성은 깃이 없는 셔츠나 트레이닝복 · 청바지 · 반바지 · 조깅팬츠 · 테니스용 짧은 팬츠 등은 금기되는 복장이다. 따라서 골프장에 갈 때는 그 클럽의 규정을 따라 예의를 갖추는 복장과 자세가 필요하다.

봄 · 여름 시즌

봄, 여름에 플레이는 땀을 많이 흘리게 되는데 흡수성이 좋은 면소재의 셔츠가 적당하다. 또 땀을 많이 흘리는 골퍼라면 갈아입을 옷을 준비해 가는 것이 좋다. 여름철에 준비해야할 용품으로 갈아입을 여벌 옷 · 모자 · 선크림 · 방수 골프화 · 우산 · 비옷 · 반창고 · 수건 등이 있다.

가을 · 겨울 시즌

가을, 겨울에는 날씨가 추워지는 시기이다.

이때는 폴로셔츠 위에 조끼를 입거나 스웨터를 입는 것이 좋고 조끼나 스웨터를 고를 때 주의할 점으로는 가볍고 움직이는데 방해되지 않는 것을 골라 입어야 스윙을 부드럽게 할 수 있다.

겨울에 준비해야 할 용품으로는 바람막이 털외투 · 귀를 감싸는 모자 · 털장갑 · 주머니난로 등이 있다.

하지만 골프장에 따라 자켓을 반드시 입어야 하는 곳, 식사할 때는 넥타이를 매야 할 것 등의 규칙이 있는 곳도 있어.
좀 답답할 것 같은데…
그렇지만 넓은 자연에서 즐기는 스포츠잖아.
간편한 복장이면 좋지 않을까?
맞아!
골프용구를 갖추었다면 이젠 공을 치기 위한 기본자세를 알아보자.
드디어!!

4번홀

기본자세 익히기

1 체중의 이동과 균형

스윙에서 체중의 이동은 굉장히 중요해.
체중 이동을 잘 할수록 팔로만 하는 스윙이 아닌 하체를 동반한 스윙이 가능하기 때문이지.
초보 골퍼들의 경우 팔의 힘만으로 스윙을 하는 경우가 많아.
그 이유는 처음 골프스윙을 배울 때 체중의 이동을 제대로 배우지 않아서 그런 거야.
흠!
초보 골퍼들의 경우 팔의 힘만으로 스윙을 하는 경우가 많아.
그럼 어떻게 해야 되는데?

처음부터 볼을 맞추는데만 급급해 하지 말고…
스윙을 하기 전 체중 이동을 연습해주면 돼.
체중 이동?
자! 지금부터 체중을 이동하는 연습을 해보자.
얼마든지 좋아.
양발을 어깨넓이로 자연스럽게 벌리고 선 뒤 무릎을 약간 구부려.
이때 양쪽 발에 50:50의 비율로 힘을 분산해줘야 해.
50%
50%

그리고 양팔을 X자로
포개어 가슴에 대고
허리를 편 채 몸을
앞으로 조금
숙인다.
이때 시선은 양발 중앙으로
부터 60~90cm 정도 되는
한지점에 고정시킨다.
지점
양발에 50:50으로 골고루 힘을
분산하고 양팔을 X자로 포개고
어드레스 자세를 잡는다.
시선을 한 지점에 고정시키고 서서히
상체를 오른쪽으로 돌린다.

상체를 오른쪽으로 돌리게 되면
오른발에 힘이 들어간다.
(백스윙)자세가 되면 오른발에 70%의 힘이 들어간다. 시선은 계속 지점을 향하고 있는다.
70%
30%
그후 왼발을 축으로 허리를 왼쪽으로 돌리면서 상체를 돌린다.
왼쪽으로 몸을 완전히 돌려 피니시 자세를 잡으면 왼발에 90%의 힘이 들어간다.
10%
90%

2 그립(grip)

클럽을 잡는 곳을 그립이라고 해.
올바르게 잡는 법을 알아보자면…
…
클럽을 잡는 습관을 잘못 익히면 고치기가 어려워.
그립은 왼손그립을 먼저 한 뒤 오른손그립을 하는데…
우산을 쥐는 것과 비슷해. 우산을 쥘때 불필요한 힘을 뺀 채 우산을 쥐는 정도의 힘만으로 가볍게 쥐어주는 거야.
그렇지만 우산은 한 손으로 쥐는 반면 그립은 양손으로 쥐게 되는데 이때 양손의 쥐는 힘을 같게 하는 것이 중요해.
?

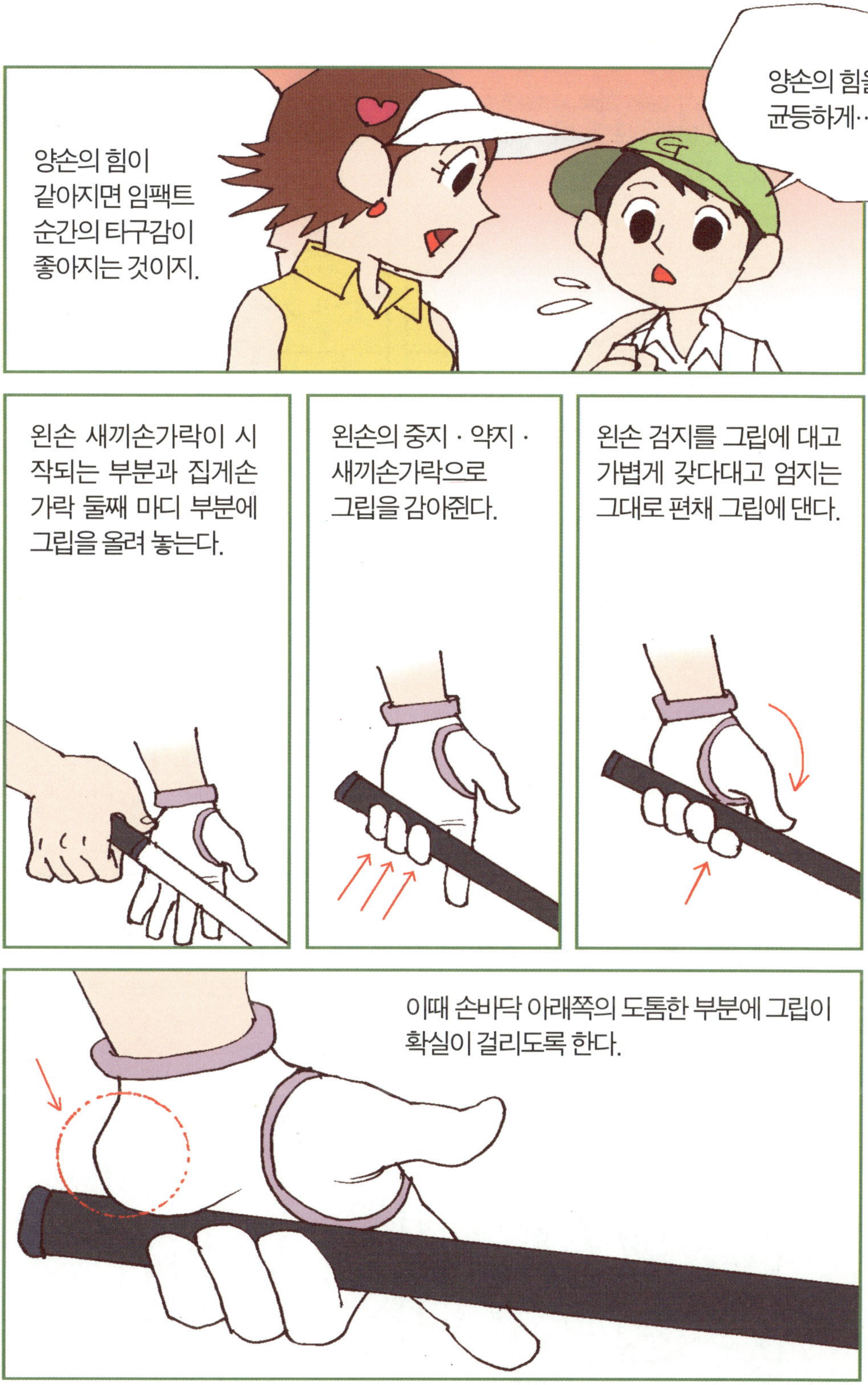
양손의 힘이 같아지면 임팩트 순간의 타구감이 좋아지는 것이지.
양손의 힘을 균등하게…
왼손 새끼손가락이 시작되는 부분과 집게손가락 둘째 마디 부분에 그립을 올려 놓는다.
왼손의 중지 · 약지 · 새끼손가락으로 그립을 감아쥔다.
왼손 검지를 그립에 대고 가볍게 갖다대고 엄지는 그대로 편채 그립에 댄다.
이때 손바닥 아래쪽의 도톰한 부분에 그립이 확실이 걸리도록 한다.

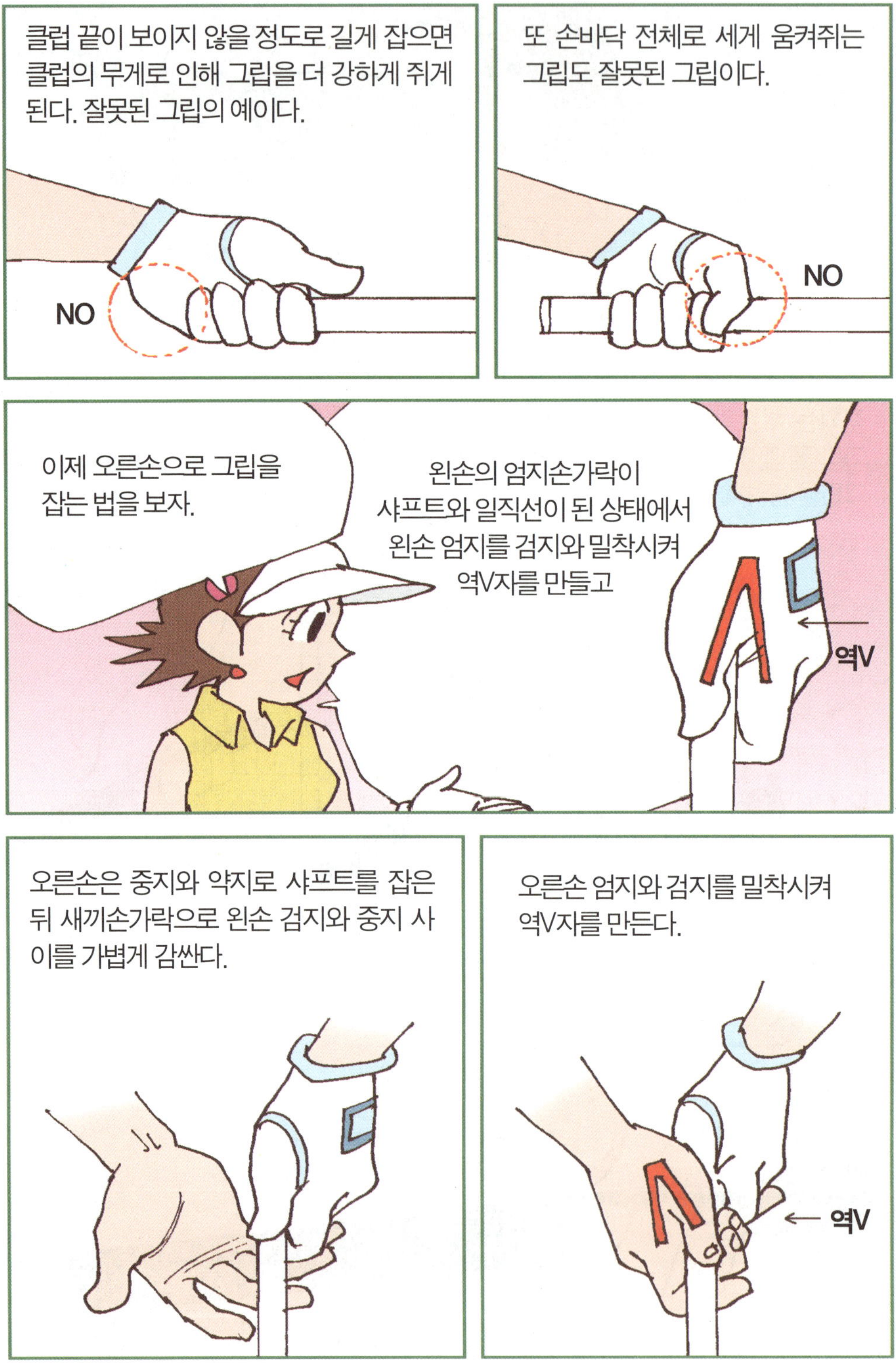
클럽 끝이 보이지 않을 정도로 길게 잡으면 클럽의 무게로 인해 그립을 더 강하게 쥐게 된다. 잘못된 그립의 예이다.
NO
또 손바닥 전체로 세게 움켜쥐는 그립도 잘못된 그립이다.
NO
이제 오른손으로 그립을 잡는 법을 보자.
왼손의 엄지손가락이 샤프트와 일직선이 된 상태에서 왼손 엄지를 검지와 밀착시켜 역V자를 만들고
역V
오른손은 중지와 약지로 샤프트를 잡은 뒤 새끼손가락으로 왼손 검지와 중지 사이를 가볍게 감싼다.
오른손 엄지와 검지를 밀착시켜 역V자를 만든다.
역V

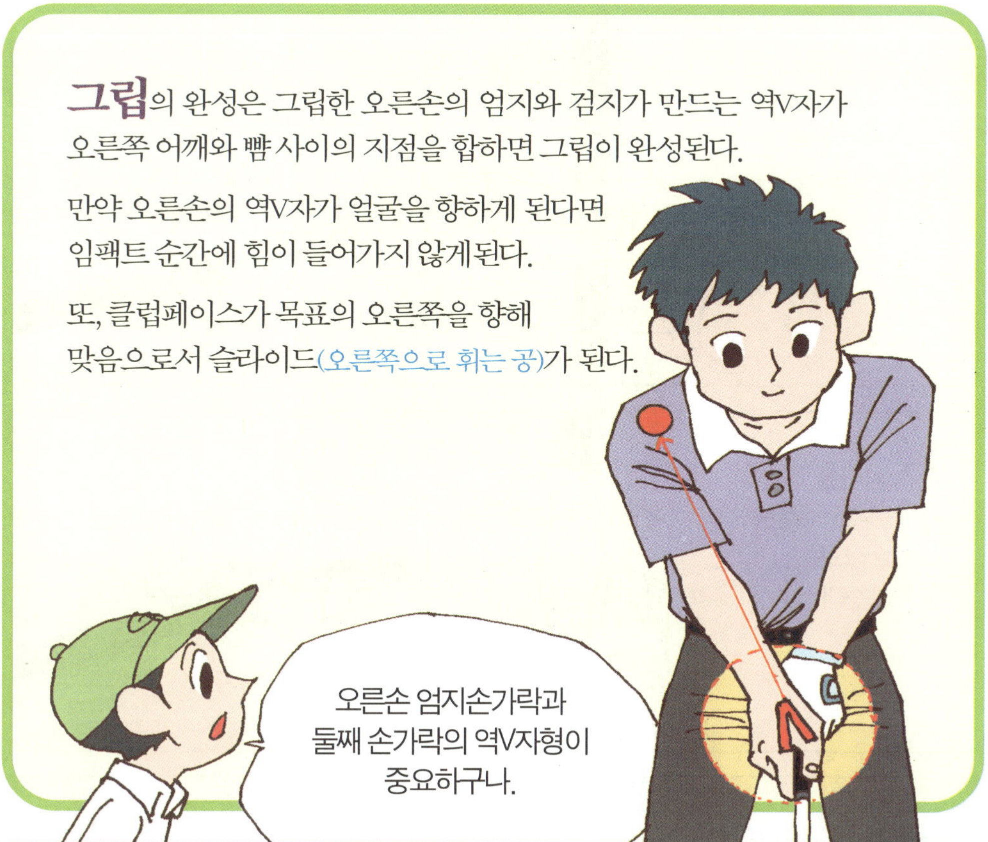
그립의 완성은 그립한 오른손의 엄지와 검지가 만드는 역V자가
오른쪽 어깨와 빰 사이의 지점을 합하면 그립이 완성된다.
만약 오른손의 역V자가 얼굴을 향하게 된다면
임팩트 순간에 힘이 들어가지 않게된다.
또, 클럽페이스가 목표의 오른쪽을 향해
맞음으로서 슬라이드(오른쪽으로 휘는 공)가 된다.
오른손 엄지손가락과 둘째 손가락의 역V자형이 중요하구나.

이렇게 미스샷을 막기 위해 평소 연습할 땐 정확한 그립을 점검 해두어야해.
정말 그렇겠어.

이번엔 골퍼의 시선에서 양손의 정렬 방법을 볼까?
골퍼의 시선?

왼손의 새끼손가락
시작 부분과 검지
중간 마디에 클럽의
그립을 올려놓는다.

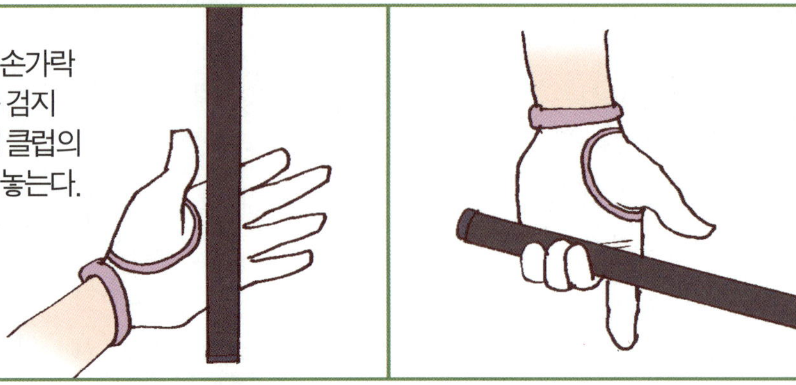

왼손 엄지를 그립의
한가운데서 오른쪽
(2~3mm)으로
돌려잡는다.

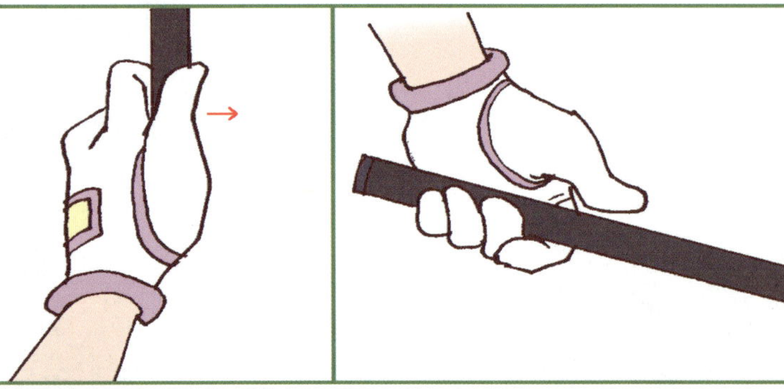

오른손 중지와 약지의
첫째 마디로 그립을
감싼다.

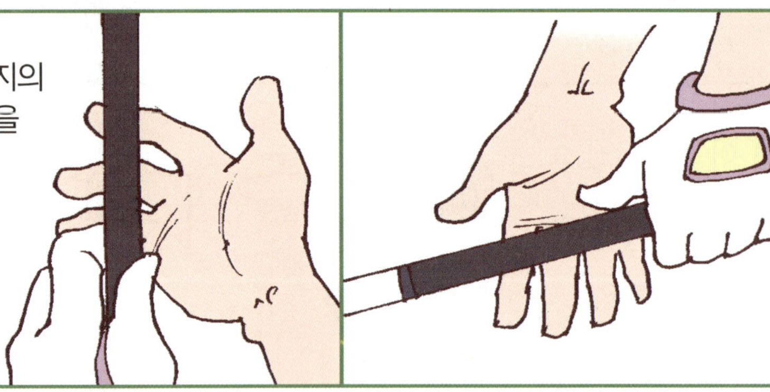

오른손 엄지와
검지로 권총을
쏘는 모양으로
감싸쥔다.

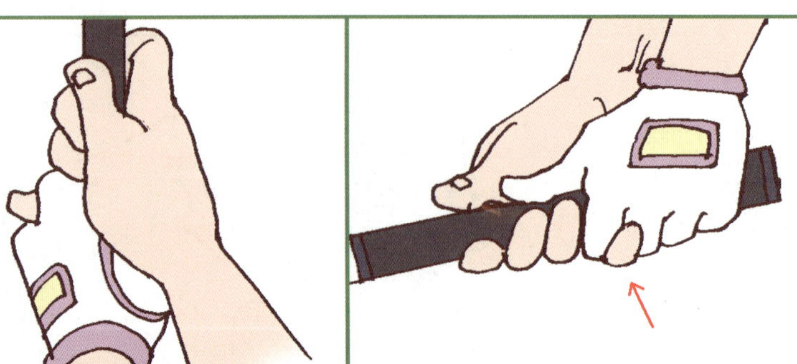

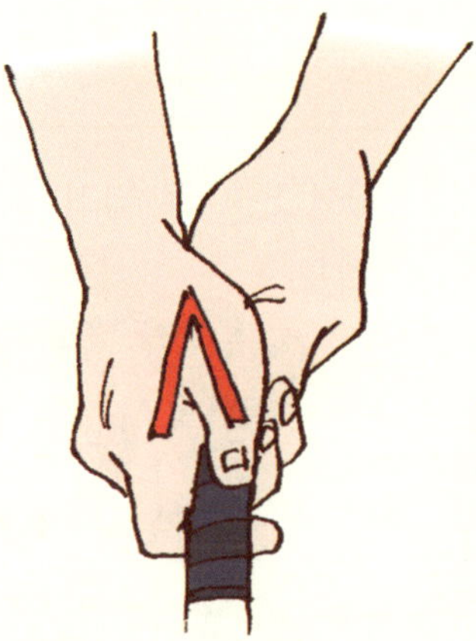

스퀘어(square)그립

지금까지 배운 그립으로 오른손 역V자가 오른쪽 어깨와 빰사이를 가리키는 그립으로 가장 이상적이다.

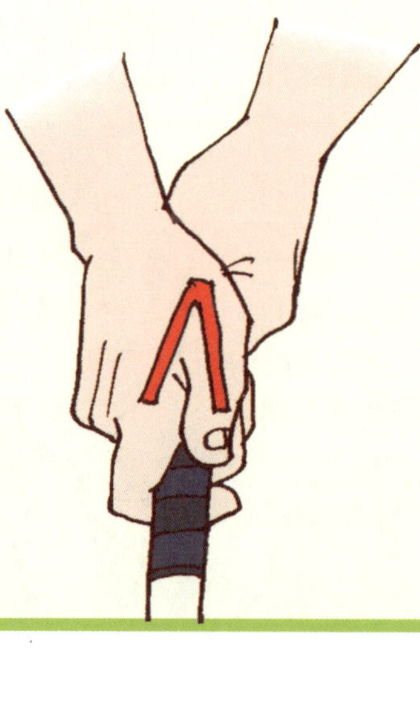

위크(weak)그립

왼손의 손등이 클럽을 적게 덮는 그립으로 역V자가 얼굴을 향한다.

스윙시 클럽 페이스가 열려(=목표의 오른쪽으로 향함) 맞으므로 슬라이스(오른쪽으로 휘는 공)의 원인이 된다.

스트롱(strong)그립

양손이 오른쪽으로 많이 돌아가는 그립으로 스트롱 그립은 역V자가 오른쪽 어깨밖으로 나간다.

스윙시 클럽 페이스가 닫혀 (=목표의 왼쪽을 향함) 맞으므로 훅(왼쪽으로 휘는 공)의 원인이 된다.

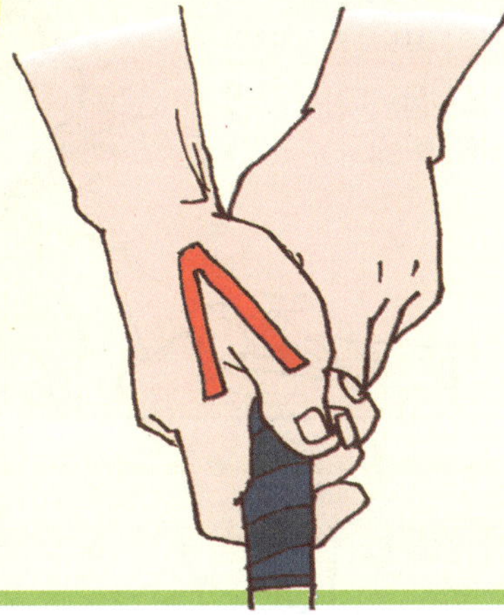

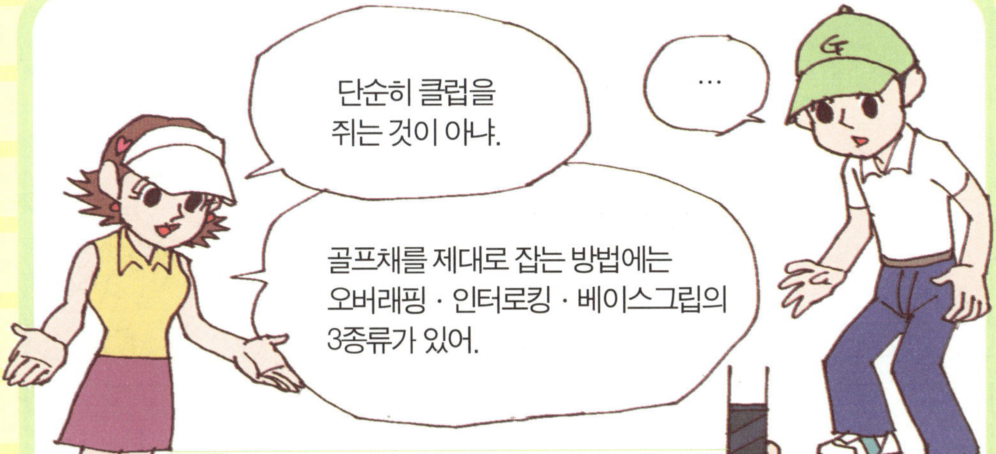

오버래핑(Over lapping)**그립**

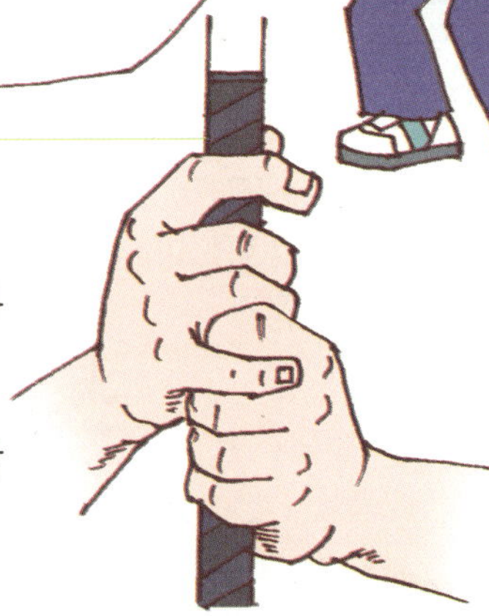

오른손 새끼손가락을 왼손 검지와 중지 사이에 올려놓은 그립이다.

가장 일반적이고 양손의 균형감각이 뛰어나 스윙이 안정적이다.

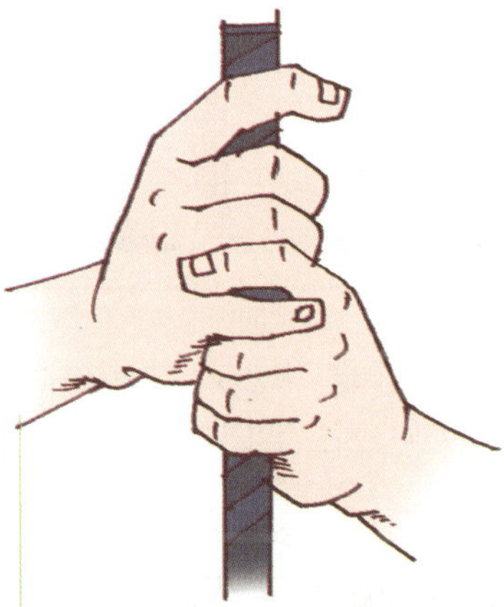

베이스볼(Baseball)**그립**

힘이 약한 여성이나 노인에게 적합하며 야구배트를 쥐듯 오른손과 왼손을 분리해 잡는다.

인터로킹(Inter locking)**그립**

손이 작은 사람이나 손가락이 짧은 골퍼들에게 적당하며 오른손 새끼손가락을 왼손의 검지와 중지에 깍지끼듯 쥔다.

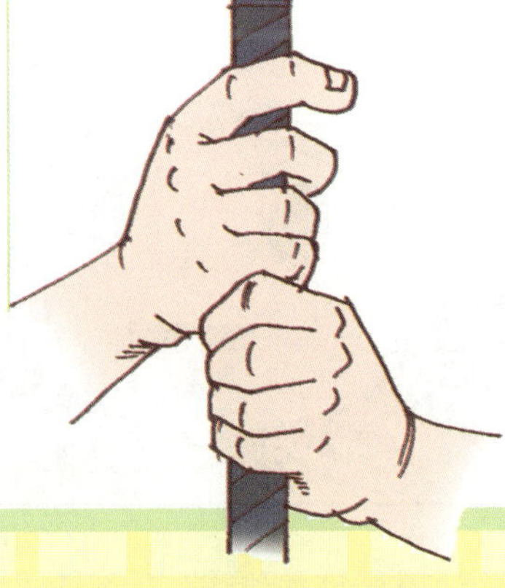

일반적으로는
오버래핑그립을 쓰는
사람이 많아.
오버래핑그립이란
말이지?
볼이 많이 휘는 구질의
골퍼들은 자신의 체질과
그립의 형태를 점검
해 봐야 해.
어떻게?
만약 스퀘어그립을 하고 스윙을 했는데
슬라이스 구질을 가진 골퍼라면 스트롱
그립으로 바꿔야 할 테고
반대로 훅 구질을 가진 골퍼라면
위크그립으로 바꿔서 스윙할
필요가 있어.
흠.

슬라이스 구질과 훅 구질의 교정

3 스탠스 익히기

스탠스란 스윙할 때
발의 자세를 말해.
안정되게…!!
몸을 구부리고 클럽을
올렸다 내렸다 하면서
공을 치는 동작을 받쳐주는
토대가 되기 때문에 몸을
움직이기 쉽고 하반신을
안정되게 하는 자세여야 해.
스탠스는 너무
넓어서도 너무
좁아서도 안돼.
자신에게 맞는
스탠스를 빨리
익혀야 해.
그럼 어느 정도의
폭이 좋은 거야?
어깨 폭
정도가 좋아.
어깨 폭?
좀 애매하다.
발의 어느 부분을
어깨에 맞추면
되는데?
두 발의 안쪽을
어깨 폭만큼
벌리면 돼.

드라이버 스탠스는 어깨 폭이 기본, 드라이버는 공을 날리기 위해 스윙이 커지므로 몸이 흔들리지 않도록 하반신이 안정되어야 한다.
서 있을 때의 자연스러운 자세인 어깨 폭이 기본이다.
양쪽 발 뒤꿈치 안 쪽이 어깨 폭과 같게…
스탠스는 어깨 넓이라고 했지만 절대적인 것은 아니야. 사람의 체형 · 체질 · 클럽의 길이 등에 따라 바뀔 수 있어.
그 말은 어깨 넓이를 기본으로 해서 자신이 조절하면 된다는 거구나?
그래.

발끝 벌리는 법

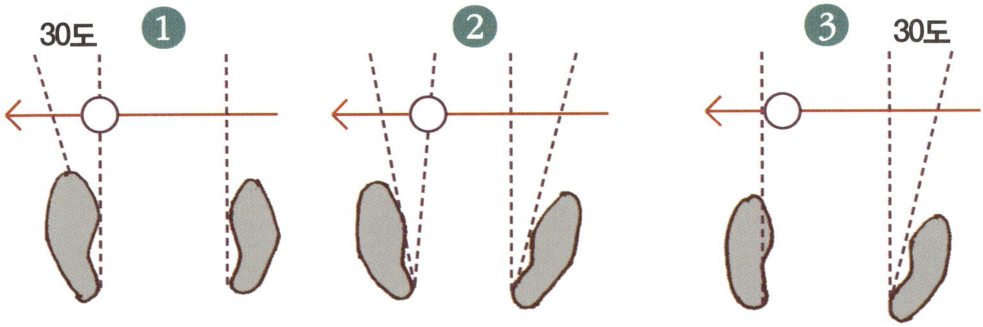

왼쪽 발끝을 30도 정도 벌리고 오른발은 직각. 가장 적합한 형태의 스윙 자세.

양쪽 발끝을 벌린 형태로 허리를 유연하게 돌릴 수 있고 몸의 중심축도 안정적이다.

왼발은 직각이고 오른발을 30도 정도로 벌린 형태, 오른쪽으로 회전을 유연하게 할 수 있다.

스퀘어 스탠스

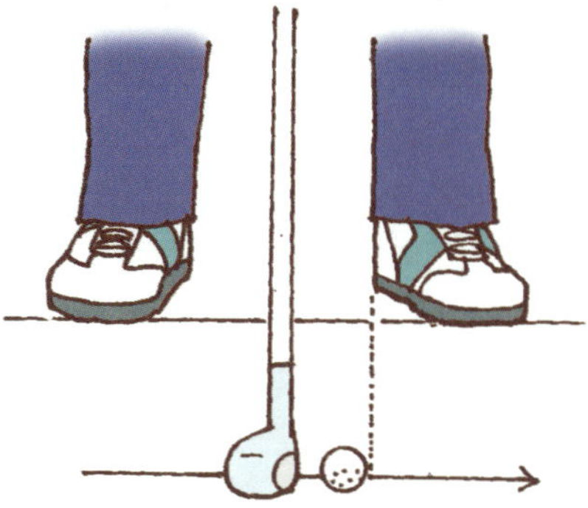

공이 날아가는 방향

형태 : 두 발끝이 공이 날아가는 방향과 평행이 되며 가장 기본적인 형태다. 공이 나는 방향, 양다리, 허리, 양어깨선 모두 평행이 된다.

방법 : 발의 위치(왼쪽 발 뒤꿈치가 공의 연장선상)를 정하고 오른발을 옆으로 벌려 나간다.

오픈 스탠스

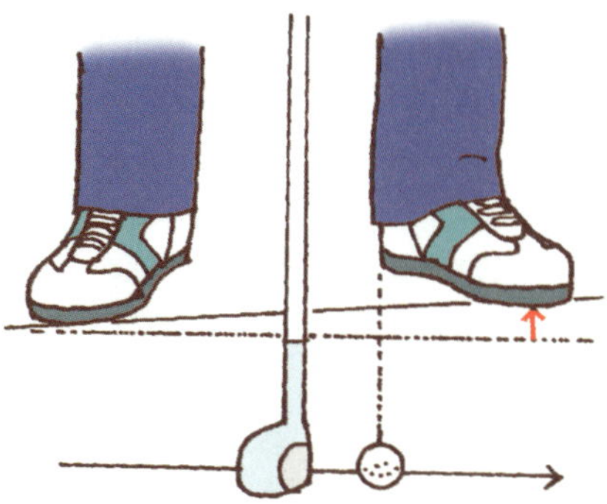

공이 날아가는 방향

형태 : 공이 날아가는 방향에 대해 왼쪽 발끝이 뒤로 당겨진 형태로 허리 회전을 많이 필요로 하지 않는다. 단거리 어프로치처럼 방향성을 중시하는 샷을 할 때 쓴다.

방법 : 스퀘어 스탠스로 한 뒤 왼발을 뒤로 당긴다.

클로즈드 스탠스

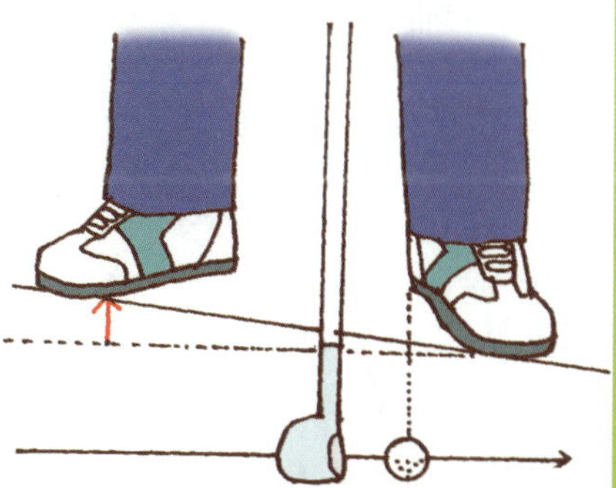

공이 날아가는 방향

형태 : 공이 날아가는 방향에 대해 오른쪽 발끝이 뒤로 당겨진 형태로 백스윙이 잘 되고 강하게 칠 수 있으나 하반신 균형을 유지하지 못하면 폴로스루 때 몸이 흐트러진다.

방법 : 스퀘어 스탠스로 한 뒤 오른발을 뒤로 당긴다.

볼의 위치

볼은 클럽이 길수록 왼발 쪽에 위치하고 반대로 클럽이 짧아질수록 가운데 또는 오른발 쪽에 위치한다.

일반적인 볼의 위치는 드라이버(우드 1번)는 왼발 뒤꿈치 안 쪽에 놓으며 7번 아이언은 스탠스 중앙에, 5번 아이언은 중앙에서 약간 왼쪽에 놓는 것이 기본이다.

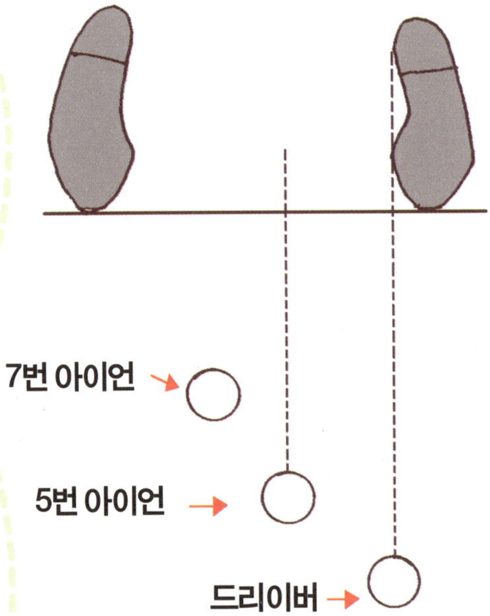

클럽 페이스의 방향

실전에서 어드레스를 할 때 스탠스는 가장 나중에 하는데 볼의 뒤쪽에서 목표를 확인한 뒤 스탠스를 취한다.

이때 양발의 위치는 가장 나중에 정해야 한다. 그 이유는 스탠스를 먼저 정하게 되면 볼과 몸 사이의 간격을 적절하게 유지할 수 없기 때문이다.

그래서 스탠스를 정하기 전에 클럽 페이스가 목표를 향하도록 먼저 정렬하는 것이다.

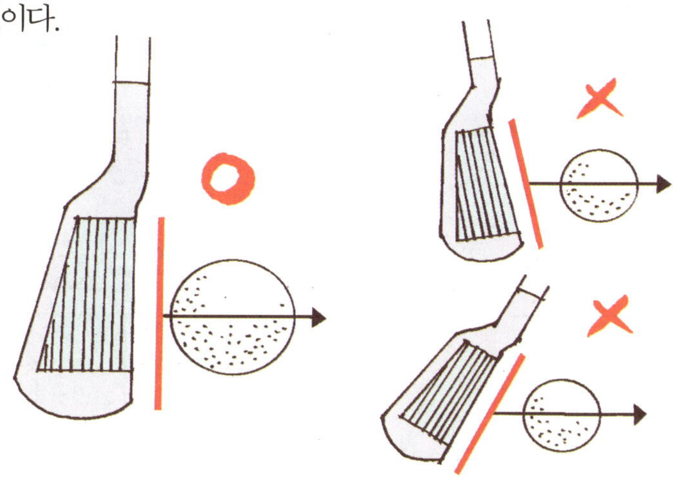

클럽 페이스의 가장 아래쪽 부분을 리딩에지라고 하는데 리딩에지를 타깃라인과 직각이 되도록 한다.

4 어드레스의 기본

치고자 하는 목표로 정확하게 공을 날리기위한 자세를 어드레스라고 해.
흠.
어드레스가 제대로 되어 있지 않다면 스윙을 잘 해도 공은 엉뚱한 방향으로 날아가게 되지.
공 옆에 서면 클럽 페이스를 목표에 맞추고 왼발의 위치를 정해. 그리고 오른발을 자신의 어깨 폭 정도로 벌리면 돼.
잠깐~!
어드레스에 들어갈 땐 클럽을 오른손에 쥐어야 해.
왜?

어드레스 포인트

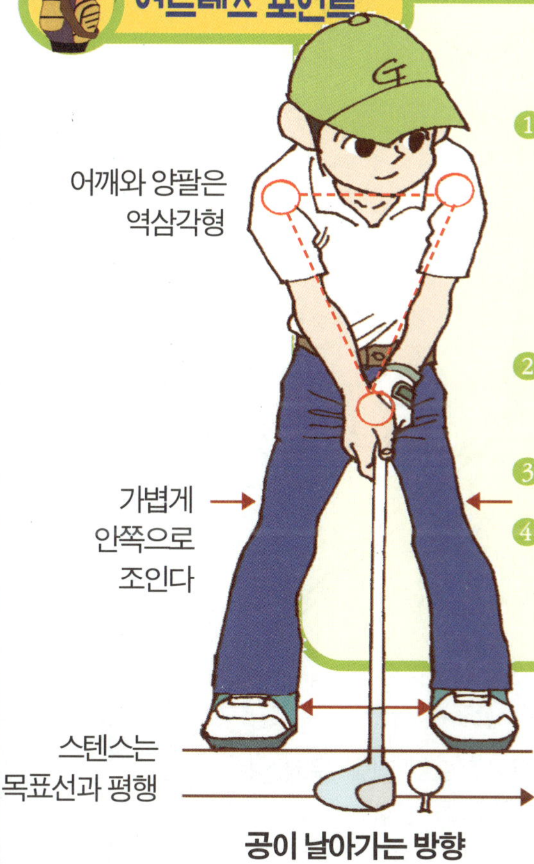

1. 공에 맞추어 자세를 정한다. 그런 다음 공 옆에서 클럽 페이스(클럽 헤드의 공을 치는 면, 타구면)를 목표에 맞춘다. 그후 목표선과 평행을 이루도록 한다.
2. 어깨와 양팔을 이은 선으로 역삼각형을 만든다.
3. 양무릎은 가볍게 안쪽으로 조인다.
4. 시선은 공이 클럽에 맞는쪽(오른쪽)에 둔다.

하반신을 안정되게
하라는 게 쉽지
않은데?
스윙은 몸 전체로 해야 해.
잠깐 아래 그림을
볼까?

어드레스 주의사항

시선은 공이 클럽에
맞는쪽에 둔다.
무릎을 가볍게 구부리고
안쪽으로 조여주는 느낌으로
주먹이 한두 개
들어갈 정도로
벌린다.
발가락으로 땅을 움켜잡는
느낌으로 선다.

5 클럽별 어드레스

K자형 어드레스

드라이버샷(티샷)의 어드레스로 체중은 6:4의 비율로 오른발에 실어준다.

그 이유는 스윙 궤도가 올라갈 때 임팩트가 이루어지기 때문이다.

역K자 어드레스에서의 볼의 위치가 왼발 뒤꿈치 앞이고 클럽 샤프트가 지면과 거의 직각(90도)을 이루며 내려온다.

역K자 어드레스에서의 스탠스는 먼저 양발을 모아 차려자세를 하고 볼이 양발 중앙에 오도록 하고 그 상태에서 오른발만 어깨넓이보다 약간 넓게 벌려준다.

역K자형 어드레스의 스윙

Y자형 어드레스

두발에 체중을 5:5로 싣고 눈을 볼 위에서 내려다봐야 한다. 체중을 왼쪽에 많이 실을 경우 임팩트 이후 왼쪽 사이드가 막혀 스윙을 제대로 할 수 없다. 또 드라이버처럼 역K자형 어드레스를 하게 되면 떠올리는 스윙이 되어서 더프나 톱이 발생한다.

Y자형 어드레스는 오른손이 왼손보다 낮아 오른쪽 어깨도 왼쪽보다 조금 내려오게 된다. 또 볼이 스탠스 중앙에 오게 되어 클럽 샤프트가 지면에 비스듬하게 내려온다. Y자형 어드레스는 볼을 위에서 내리치는 다운블로 할수 있어 볼을 멀리 그리고 높이 보낼 수 있다.

Y자형 어드레스의 스윙

임팩트
스윙 궤도의
최하점

Y자형 어드레스를 하면 볼을 위에서 보게 되어 다운블로로 칠 수 있어요.
다운블로스윙이란 클럽 헤드가 스윙 궤도의 최하점을 지나기 전에 임팩트가 이뤄지는 스윙을 말합니다.

어프로치샷의 어드레스: y자형 어드레스

아이언 클럽으로 티샷할 때 초보 골퍼들은 티업을 높게 하게 된다. 그러면 임팩트 때에 페이스 위쪽에 볼이 맞게 되어 높이 뜬다.

아이언샷의 임팩트는 스윙의 최하점이 오기 전에 이루어져야 한다. 아이언샷으로 티샷을 할 때는 티의 높이를 낮게 해야 한다.

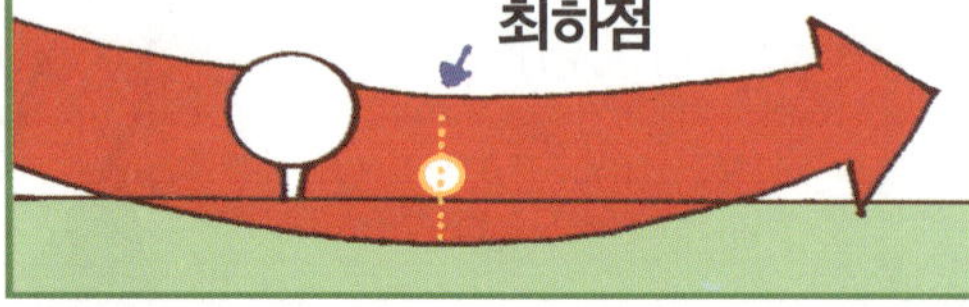

이렇게 쳐야 다운블로가 되어 아이언의 로프트대로 날아간다.

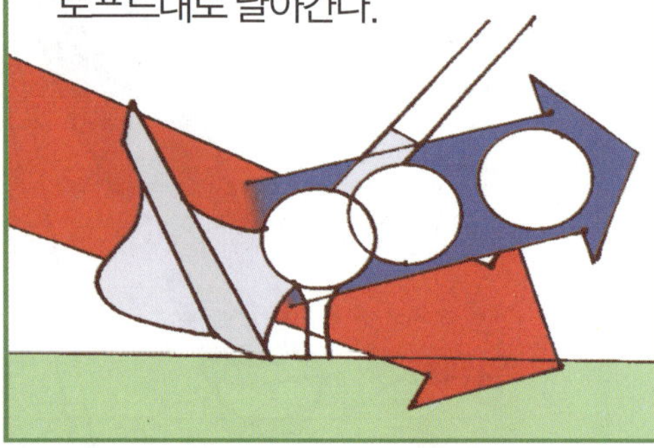

클럽별 임팩트와 최하점의 위치

아이언
임팩트 직후 스윙궤도의 최하점에 도달한다.

페어웨이우드
임팩트 순간이 스윙궤도의 최하점이 된다.

드라이버
최하점 이후에 임팩트가 이루어진다.

y자형 어드레스

짧은 어프로치샷에서 어드레스는 y자형 어드레스로 스탠스는 좁게 하고 체중을 왼발에 6:4으로 싣는다.

스윙을 할 때는 하체를 움직이지 않고 어깨와 팔만으로 하며 볼을 위에서 그대로 내려친다.

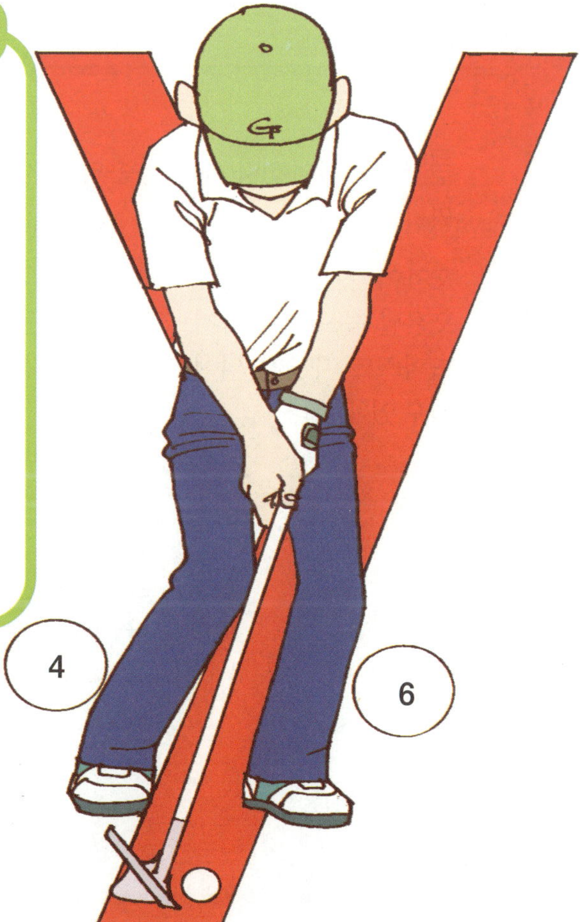

어드레스에서 양손의 위치는 불변

클럽이 짧아진다 해도 양손의 위치를 바꿔서는 안 된다.

숏아이언이 될수록 볼이 스탠스 중앙에서 오른발 쪽으로 옮겨지므로 자연스럽게 핸드퍼스트 자세가 되어 스윙시 다운블로로 칠수 있게 된다.

6 볼의구질

볼의 기본구질은 6가지로 슬라이스, 훅, 하이볼, 로우볼, 스트롱볼, 소프트볼 등이다.

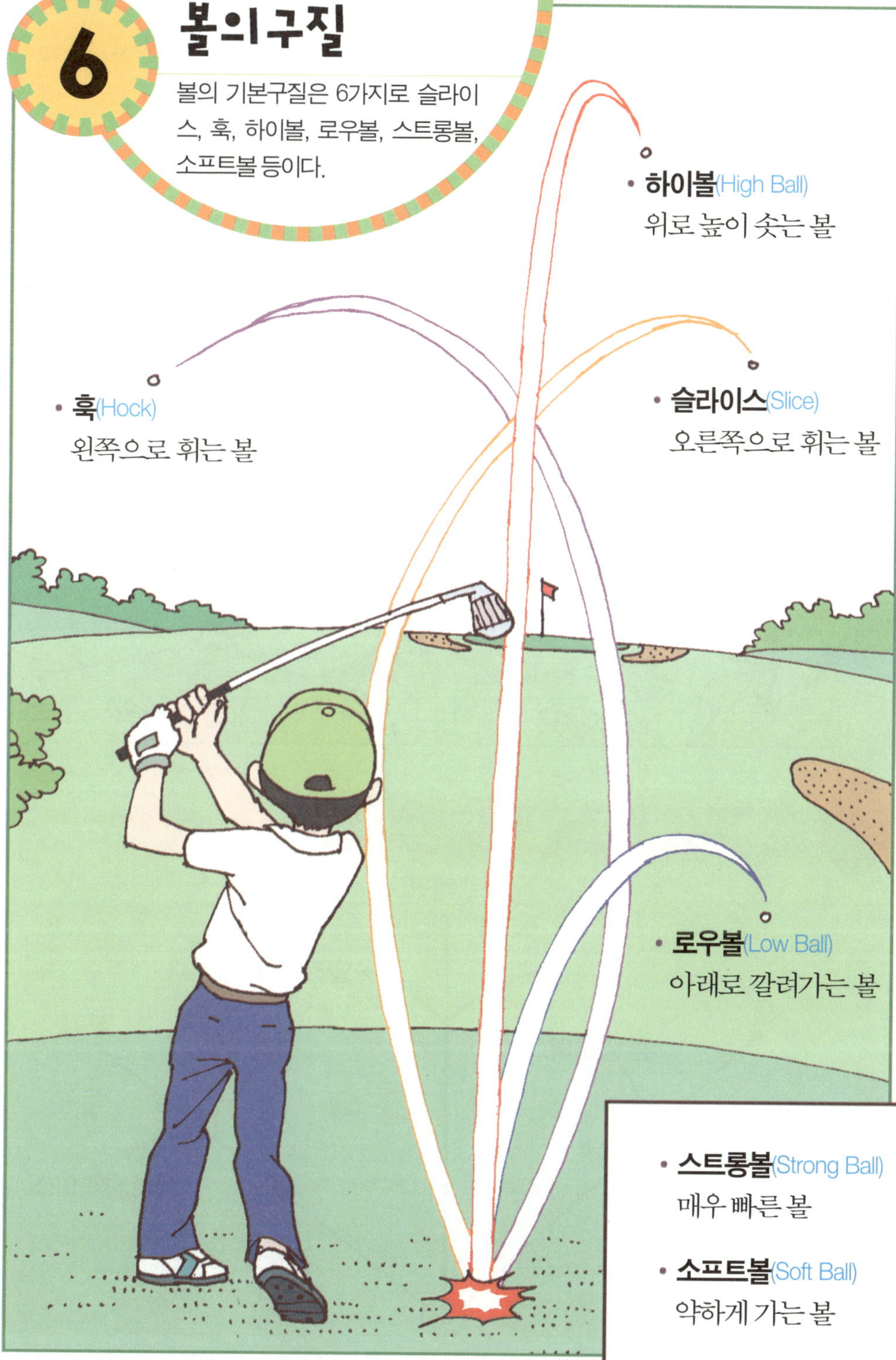

- **하이볼**(High Ball)
  위로 높이 솟는 볼
- **훅**(Hock)
  왼쪽으로 휘는 볼
- **슬라이스**(Slice)
  오른쪽으로 휘는 볼
- **로우볼**(Low Ball)
  아래로 깔려가는 볼
- **스트롱볼**(Strong Ball)
  매우 빠른 볼
- **소프트볼**(Soft Ball)
  약하게 가는 볼

하늘에서 본 볼의 구질 9가지

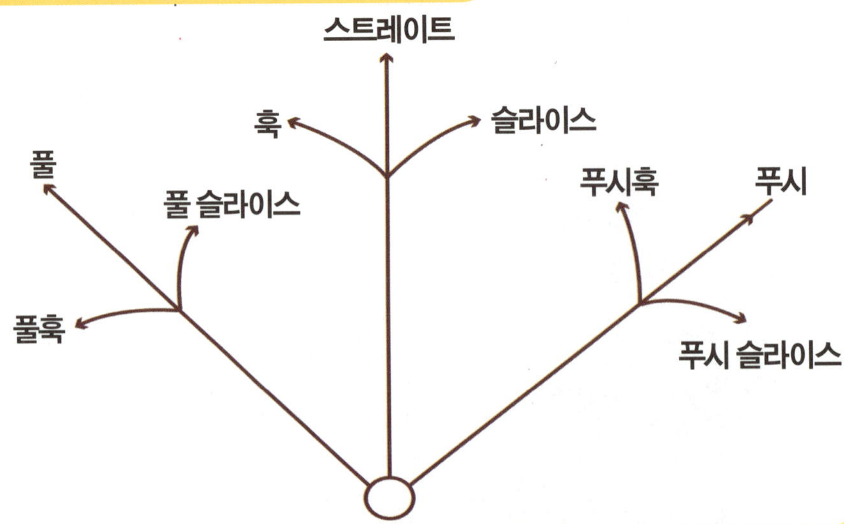

5번홀

스윙의 과정과 테크닉

1 드라이버의 스윙순서

이것은 드라이버스윙 순서예요.
드라이버스윙 동작과
아이언스윙도 기본은 같아요.
③ 톱스윙
⑥ 폴로스루
⑦ 피니시

스윙플랜(Swing plan)

스윙계획면

클럽(헤드)의 스윙 궤적은 하나의 연결된 둥근선으로 표현된다.

스윙 궤적을 평면에 표시한것이 스윙플레인(Swing plane)이다.

이런 스윙플레인이 있다고 생각하면서 스윙하는것을 스윙플랜(Swing plan)이라고 한다.

스윙플랜을 마음속으로 그리면서 스윙을 하면 스윙의 연결과정을 빨리 습득할 수 있다.

스윙궤도
스윙 궤도는 클럽의 길이(종류)
에 따라 차이가 있어.
클럽의 길이에
따라?
클럽샤프트가 긴 드라이버
(우드 1번)는 다소 완만한
스윙 궤도를 보이지만
클럽샤프트가 짧은
아이언 클럽은 수직에
가까운 스윙 궤도를 보여.
즉, 드라이버의 스윙플랜이
아이언의 스윙플랜보다
뉘어져 있다고 보면 돼.
하지만 드라이버와
아이언의 경우 스윙의
과정은 똑같아.
단지 볼의 위치가 달라서
임팩트 타이밍이 다를 뿐이야.
그렇구나.

아이언 스윙궤도
드라이버 스윙궤도
드라이버 스윙 궤도는 완만하고 아이언의 스윙 궤도는 수직에 가까워요.
클럽의 길이에 따라 스윙 궤도는 다르지만 스윙 과정은 드라이버나 아이언이나 모두 같아요.

두개의 스윙회전축

스윙은 회전운동이야.
회전축이 어디 있는지 아니?
척추 아냐?
회전축?
아니야. 척추를 회전축이라고 생각하면 상체만을 이용해 팔로만 스윙을 하게 돼.
그럼 허리에 무리가 생겨 허리통증이 올 수도 있어.
그럼 어떻게 해야 하체를 이용한 스윙을 할 수 있어?
간단해.
회전축이 두개라는 것만 알고 있으면 돼.

첫 번째 회전축

두 번째 회전축

■ 백스윙 때의 시선

■ 다운스윙 때의 시선

스윙시 체크사항

스윙할 때
체크해야 될 게 뭔데?
스윙을 하기 전 자기 자신의
유연성을 체크해 봐야 해.
양팔을 X자로 포갠 뒤
몸을 좌우로 돌려보고
자신에 맞는 스윙 궤도나
스윙 폭을 결정해야 해.
또 원심력을
이해해야 하고…
스윙은 힘으로 하는 것이
아니라 팔과 클럽이 하나가
되어서 원운동을 할 때
발생하는 힘, 즉
원심력을 이용하니까.
또 체중이동이
있어.
백스윙 때에는 오른발을 축으로
회전이 이루어져 무게중심이 오
른쪽에 쏠리게 돼. 반대로 다운스
윙 때는 왼발을 축으로 회전이
이루어져서 왼발에 무게중심이
쏠리고…
그래서 백스윙 때 무게중심이 오
른쪽에 쏠렸다가 다운스윙 때는
왼쪽으로 옮겨져야 하고…

유연성 체크

양팔을 X자로 포갠 후 가슴에 대고 어드레스 자세를 취한다.

백스윙 자세와 다운스윙 및 피니쉬 자세를 취해 유연성 체크와 체중이동을 병행한다.

2 백스윙

공을 칠 때 몸을 오른쪽으로 돌리면서 뒤쪽으로 클럽을 휘두르는 것을 백스윙이라고 하는데
올바른 백스윙은 클럽을 일정한 궤도로 휘두르고 임팩트 때 최대의 힘과 스피드로 클럽헤드를 공에 맞추는 거야.
그런데 저 사람은 왜 계속 클럽을 좌우로 흔들지?
흔들
흔들
저건 왜글(Waggle)이라고 해서 공을치는 예행연습이야. 정신집중의 의미도 있고…
또 포워드프레스(forward press)가 있는데 왜글이 끝나고 백스윙에 들어가기 직전 실제로 임팩트 형태를 만들어보는 동작도 있어.

포워드프레스

어깨힘을 빼고 손잡이를 왼쪽으로 누르듯이 하여 오른쪽 무릎을 안쪽으로 넣으면서 임팩트 형태를 만들어본다.

그 반동을 이용해 백스윙에 들어간다. 몸의 축은 움직이지 않는다.

이제 연습은 그만하고 일단 휘둘러 봐.
응.

시선은 항상 공에두고…
어드레스 때 어깨와 양팔로 만든 역삼각형을 허리높이까지 옮기지 않도록 한다.
손목은 손잡이가 허리께에 올 때까지 쓰지 않는다.
공이 날아가는 방향을 따라 30~40센티 정도 클럽을 지면과 수평이 되게 이끈다.
허리를 오른쪽으로 돌린다.
공이 날아가는 방향

테이크어웨이(Take away)

백스윙의 시작 단계로 핵심은 어드레스에서 만든 삼각형(양어깨와 양팔이 만드는 삼각형)이 그대로 유지된 채 회전을 시작하는 것이다.

테이크어웨이는 클럽헤드가 직선으로 빠지지 않는다. 스윙플레인을 따라 원호를 그리며 빠지는데 양어깨와 양팔이 만드는 삼각형을 유지하고 어깨만으로 스윙을하게되어 스윙궤적이 원을 그리게 된다.

■ 올바른 테이크어웨이

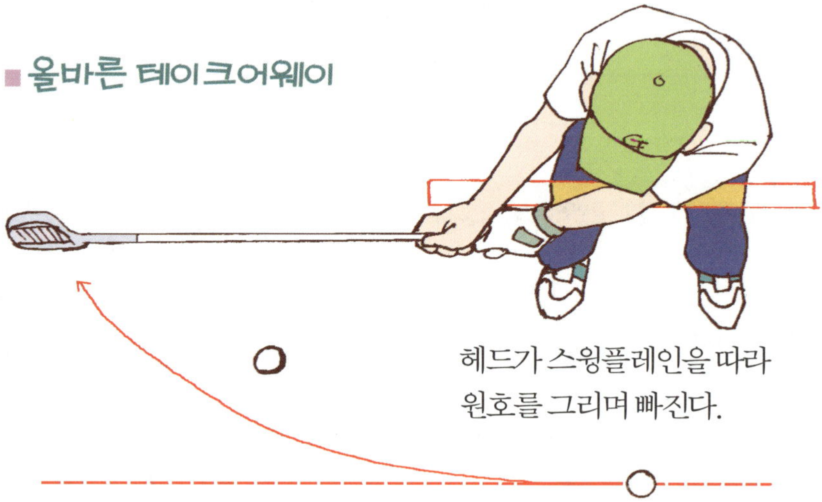

헤드가 스윙플레인을 따라 원호를 그리며 빠진다.

■ 잘못된 테이크어웨이

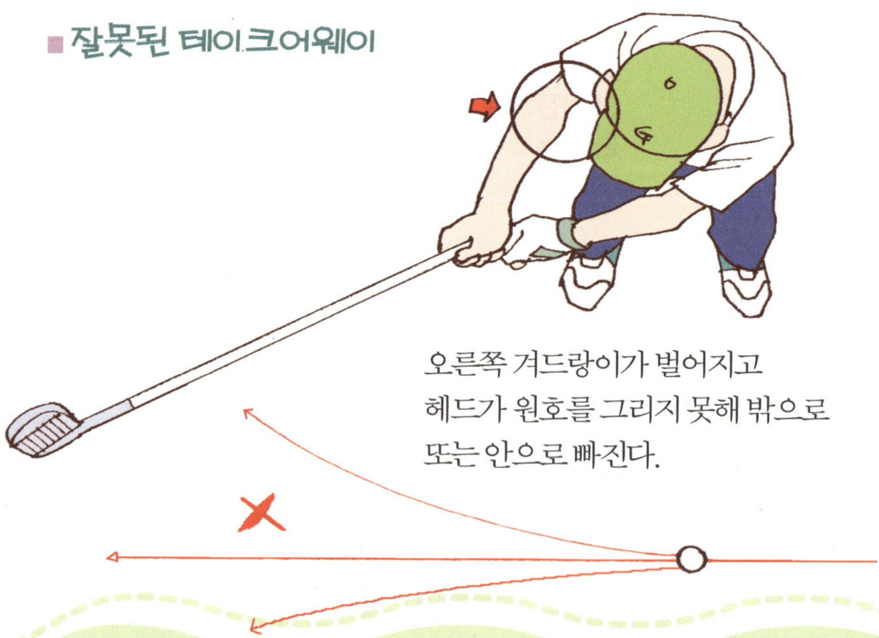

오른쪽 겨드랑이가 벌어지고 헤드가 원호를 그리지 못해 밖으로 또는 안으로 빠진다.

올바른 테이크어웨이를 하는 방법은
어드레스 자세에서 오른쪽 겨드랑이를
조이고 삼각형을 유지하는 것이다.

백스윙의 핵심

— 백스윙시에는 클럽을 공이 날아가는 방향을 따라 지면과 수평으로 30~40센티 정도 끈 후 왼쪽 어깨를 앞쪽으로 돌리는 듯한 느낌으로 한다.

— 클럽헤드는 공이 날아가는 방향을 따라 가능하면 낮고, 길게 천천히 올린다. 이때 어드레스로 만들어진 어깨와 양팔의 역삼각형을 흐트러뜨리지 않도록 한다.

— 손잡이가 허리 높이까지 올라오고 클럽이 지면과 수평이 되었을 때는 손목을 왼쪽 엄지손가락 쪽으로 구부린다.

— 어깨를 수평으로 회전시키고 왼쪽 어깨는 턱밑에 둔다.

— 시선은 항상 공에 둔다.

쿼터(1/4)백스윙

쿼터백스윙 자세

- 삼각형과 손목 각도를 그대로 유지한 후 왼쪽 어깨를 왼발 안쪽까지 회전시킨다.
- 어깨 회전에 의해 꺾여 보일 뿐 손목각도는 그대로 유지한다.
- 회전이 깊어지면 오른발에 체중이 더 실린다.

쿼터백스윙이 되면 클럽샤프트는 지면과 평행이다. 클럽페이스는 척추라인과 평행이며 평행자세를유지한다는 것은 스윙이 스윙플레인에서 잘 진행된다는 뜻이다. 이런 평행자세를 유지한다는 것은 임팩트의 정확성을 높여 볼을 정확하게 목표지점에 보낼 수 있다.

쿼터백스윙시의 클럽페이스 방향

하프백스윙

하프백스윙에서 왼팔은 지면과 평행이 되는 위치가 된다.

시선은 볼을 주시하고 왼쪽 어깨가 턱밑으로 오면서 왼팔이 펴지면서 지면과 평행을 이룬다.

하프백스윙시에는
궤도가 스윙플레인에
있는지가 중요합니다.
하프백스윙 위치일 때
그립 끝이 볼의 오른쪽
지점을 가리킨다면 올
바른 스윙플레인에서
스윙 궤도가 이뤄진 것
입니다.
—시선은 볼을 쳐다보고 턱 아래에 왼쪽 어깨가
오도록 한다.
— 그립의 끝이 볼의 오른쪽
지점을 가리키게 한다.

코크타이밍

— 손이 허리 위치일 때 코킹을 한다.

백스윙시 오른쪽 팔꿈치 꺾기

백스윙시 오른팔의 동작

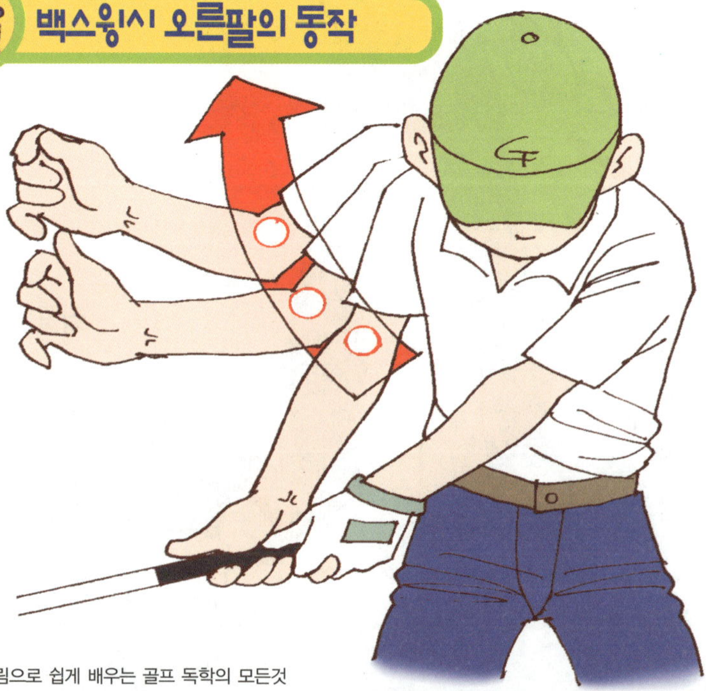

3 톱스윙

백스윙의 정점에서 다운스윙의 시점이 되는 것을 톱스윙이라고 하는데
일반적으로 왼쪽 어깨가 턱밑에 들어가고(어깨가 공이 나는 방향에 대해 90도 회전된다) 허리가 45도 회전된 시점을 말해.
톱스윙은 스윙 전체의 어느 한 시점이어서 그 타이밍을 재빠르게 잡아야 해.
클럽을 휘두르는 스윙의 폭이 클수록 볼이 멀리 날아가겠지만
볼을 멀리 치겠다는 욕심으로 스윙 도중에 힘을 주면 오히려 스윙 폭이 작아지고
스윙 리듬 역시 흔들려서 볼을 제대로 맞추지 못할 수도 있어.

톱스윙의 자세와 포인트

— 왼손 그립의 새끼손가락, 약지손가락, 가운데손가락에 힘을 주고 그립을 꽉 잡는다. 그립을 느슨하게 잡으면 클럽이 흔들려 헤드가 내려가게 되어 힘이 빠진다.

— 왼쪽 어깨는 90도 회전하여 턱밑에 넣고 허리는 45도 정도 수평으로 비튼다.

— 머리는 어드레스 때 그대로 움직이지 않는다.

일정한 힘으로 진행한 하프백스윙을 그대로 연장해 톱스윙을 만든다면 임팩트의 정확도가 높다.

하프백스윙을 연장한 톱스윙의 위치는 양손이 오른쪽 귀보다 조금 높은 위치로 몸이 유연한 사람은 더 많이 올라가고 몸이 뻣뻣한 사람은 덜 올라간다. 따라서 자신의 신체조건에 맞게 올린다.

— 회전축을 중심으로 몸이 회전하면서 오른발에 체중이 실린다.

톱스윙이 안정이 되면 오른쪽 무릎과 오른쪽 다리 안쪽에 긴장감이 느껴지고 왼쪽 어깨가 오른쪽 무릎과 일직선이 될 정도로 상체가 회전된다.

오른쪽 다리를 고정시키고 첫 번째 회전축을 중심으로 백스윙을 하고 톱스윙에 이르면 상체의 회전으로 오른발에 체중이 실린다.

오른쪽 다리는 어드레스 상태에서 살짝 무릎을 구부린 상태로 유지하는 게 중요하다.

톱스윙의 위치

잘못된 톱의 위치　　　　　　　올바른 톱의 위치

손목의 구부림과 클럽페이스의 관계

— 손목이 왼쪽 손등 쪽으로 구부러져 있으면 톱스윙시 클럽을 그대로 내려치게되어 클럽페이스가 열려 슬라이스가 된다.

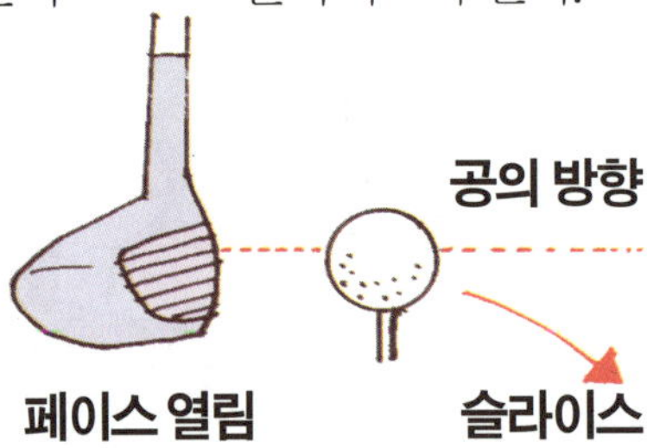

— 손목이 바르게 왼쪽 엄지손가락 쪽으로 구부러져 있으면 톱스윙시 클럽은 공이 나는 방향과 수평이 된다. 임팩트의 클럽페이스는 스퀘어가 된다.

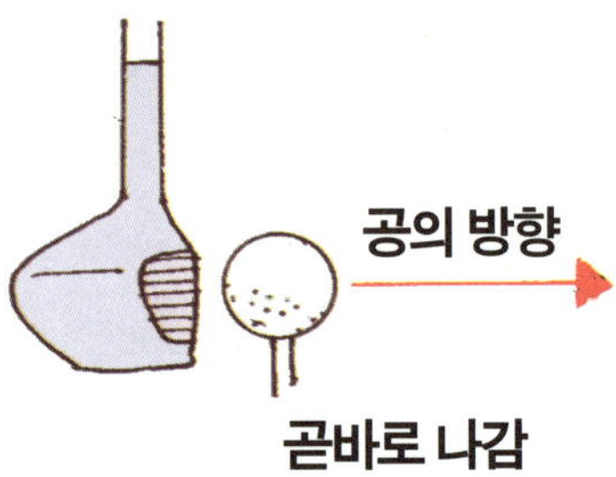

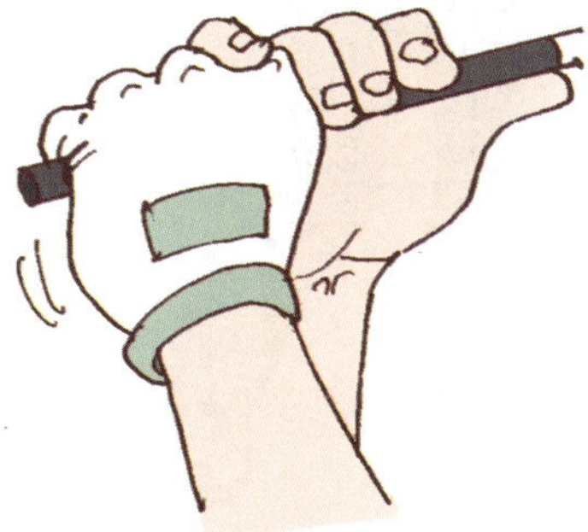

— 손목이 왼쪽 손바닥 쪽으로 구부러져 있으면 톱스윙시 클럽이 머리 뒤쪽을 향하게 된다. 그대로 내려치면 임팩트때 클럽페이스가 닫혀 훅이 된다.

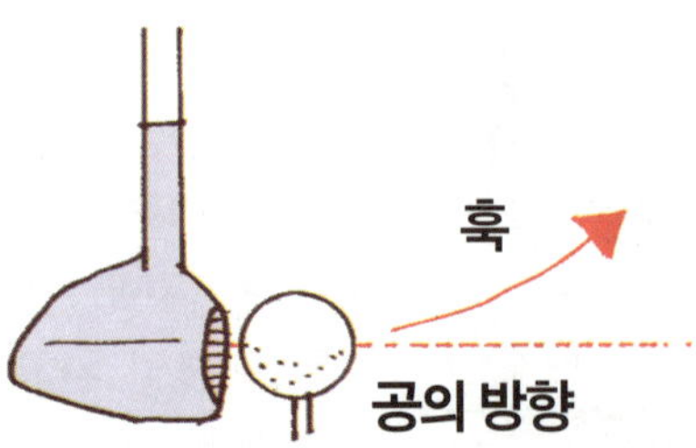

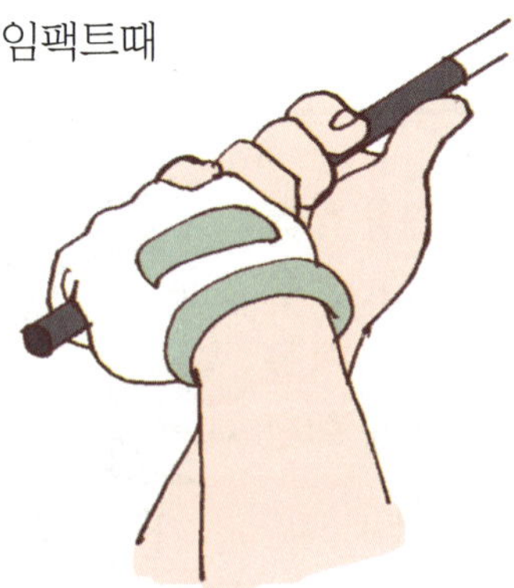

4 다운스윙

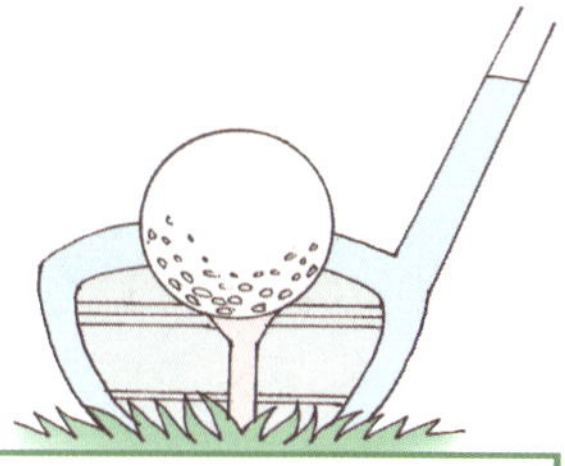

다운스윙순서

(다리 → 허리 → 팔)

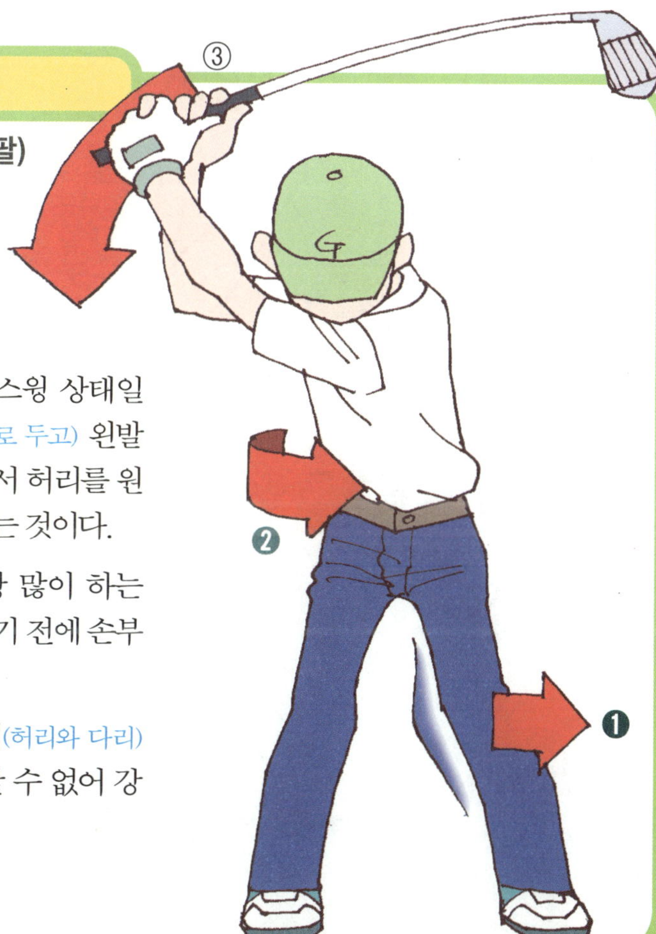

다운스윙은 톱스윙 상태일 때(양팔과 클럽을 그대로 두고) 왼발 뒤꿈치에 힘을 주면서 허리를 원래 자리고 되돌려주는 것이다.

초보 골퍼들이 가장 많이 하는 실수로 허리를 돌리기 전에 손부터 내리는 것이다.

손부터 내리면 하체(허리와 다리)를 이용한 스윙을 할 수 없어 강한 볼을 칠 수 없다.

손목코킹(백스윙시의 손목의 꺾임)은 서서히...

하프백스윙부터 유지된 왼손 90도 코킹은 톱스윙과 다운스윙에서도 그대로 유지하면서 허리회전 이후에 팔을 내려야 한다.

반대로 다운스윙시 팔을 내린 뒤 허리회전은 코킹이 일찍 풀려 헤드스피드가 떨어지고 임팩트도 약해진다. 따라서 반드시 허리회전 이후 팔을 내려야 코킹이 유지되는 것을 잊지 말아야 한다.

체중이동

첫 번째 회전축 **두 번째 회전축**

백스윙시 오른쪽 다리와 척추가 회전축

다운스윙시 왼쪽 다리와 척추가 회전축

체중이동의 핵심 – 허리 회전

—백스윙은 어깨 회전 뒤 허리 회전이 진행된다. 이때 허리를 회전하면서 왼쪽 다리를 약간 구부리면 체중은 자연스럽게 오른쪽 다리 안쪽으로 옮겨진다.

—다운스윙에서의 체중 이동 또한 백스윙과 마찬가지로 허리 회전을 통해 이뤄지는데 백스윙시 돌렸던 허리를 원래 방향으로 돌리면서 체중을 왼쪽 다리 안쪽으로 모을 수 있다.

백스윙시의 체중이동

다운스윙시의 체중 이동

❶ 왼발 뒤꿈치에 힘을 주고 원위치 시킨다.

❷ 허리 회전을 하면 오른쪽 다리 안쪽으로 모인다.

❸ 허리 회전 이후 팔을 내린다.

다운스윙 포인트

– 다운스윙에서는 백스윙에서 오른쪽으로 회전시키던 몸을 왼쪽으로 되돌리고 체중을 오른쪽에서 왼쪽으로 이동시킨다.

– 손잡이가 허리 부분으로 내려오면 구부렸던 손목을 펴준다. 손목이 펴지면 클럽헤드에 스피드가 붙어 임팩트를 정확히 할 수 있다.

– 톱스윙시에 모아진 힘이 빠져나가지 않도록 오른쪽 겨드랑이를 조여준다.

쉽게 말해 다운스윙은 클럽을 어드레스로 되돌린다는 생각으로 하면 돼.
그럼 백스윙과 같은 궤적이니?
글쎄, 아래그림을 보면 쉽게 이해할 수 있을 거야.

백스윙 궤적(바깥쪽)
다운스윙 궤적(안쪽)

5 임팩트

—임팩트시 눈은 볼을 봐야 한다. 볼을 보면서 임팩트를 해야 헤드업이 방지되는데 헤드업은 머리가 들리는 현상으로 스윙 궤도가 흔들려 볼을 정확히 맞출 수 없는 것이다. 헤드업의 원인으로는 다운스윙을 하면서 볼을 끝까지 보지 못하기 때문이다.

—임팩트 순간 양어깨와 양팔이 만든 삼각형을 유지한다.

—왼발에 체중을 실어 몸을 지탱한다.

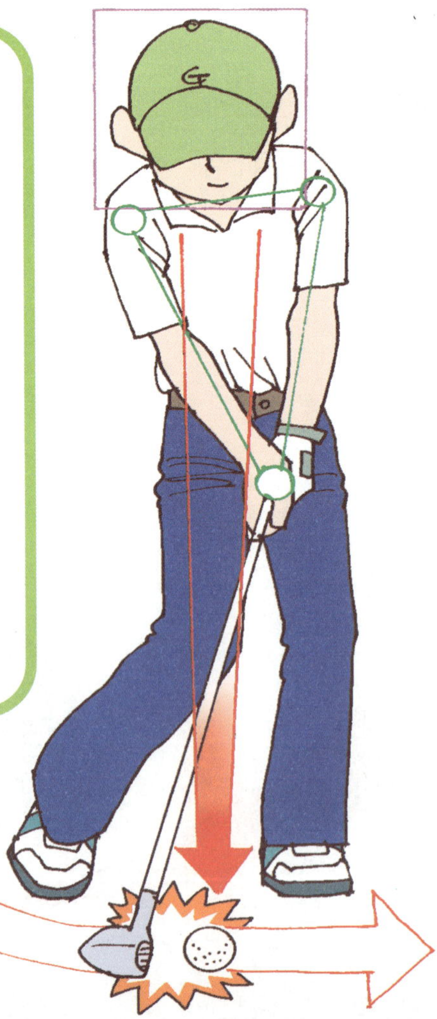

■ 임팩트 직후에 헤드스피드가 최고여야 한다.(좋은 임팩트)

다운스윙 초기에는 자연스럽게 클럽을 내리면서 서서히 헤드스피드를 올린다.

임팩트전 헤드스피드가 최고(나쁜 임팩트)

다운스윙 초기에 힘을 쓰면 임팩트 이전에 헤드스피드가 최고가 되면서 정작 임팩트 순간에는 속도가 줄면서 힘이 없어진다.

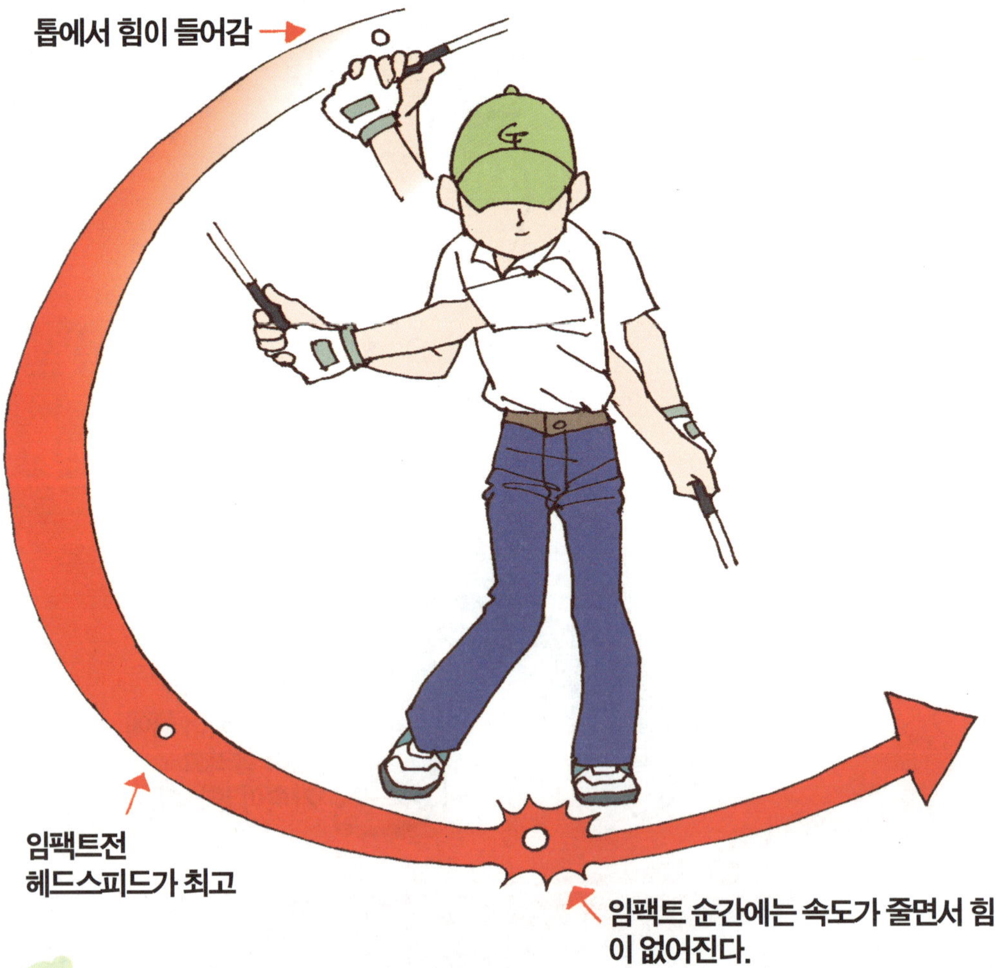

■ 임팩트 순간의 왼팔과 클럽샤프트

임팩트의 포인트

— 다운스윙에서 구부렸던 손목을 펴는 것과 동시에 클럽헤드의 스피드가 붙고 임팩트 때 헤드가 손에 따라붙어 최대 스피드가 된다.

— 임팩트시 어드레스와 같은 형태로 왼쪽 팔과 골프채는 일직선이다.

— 톱스윙시 모아진 힘을 임팩트시 유지하기 위해 몸의 왼쪽에 벽을 만들어 힘을 최대한 받아낸다.

— 체중이 오른쪽에서 왼쪽으로 이동시에 스윙의 축이 일정해야 하며 머리 위치는 움직이지 않는다.

— 시선은 공에 두고 타구 후에는 바로 얼굴을 들지 않는다.

6 폴로스루와 피니시

임팩트 직후 헤드스피드가 최고가 되도록 하고 목표방향으로 양팔을 던진다는 느낌으로 휘두른다.

그럼 클럽의 원심력으로 피니시까지 어깨와 허리가 한번에 회전한다.

임팩트 직후부터 피니시 직전까지 시선은 볼에 고정되어 있어야 한다.

그립이 끝은 타깃라인상(볼이 있던 지점의 전방)을 가리키게 되고 몸통은 목표를 향해 거의 회전되어 배꼽이 목표를 향하게 된다.

I자형 피니시 자세

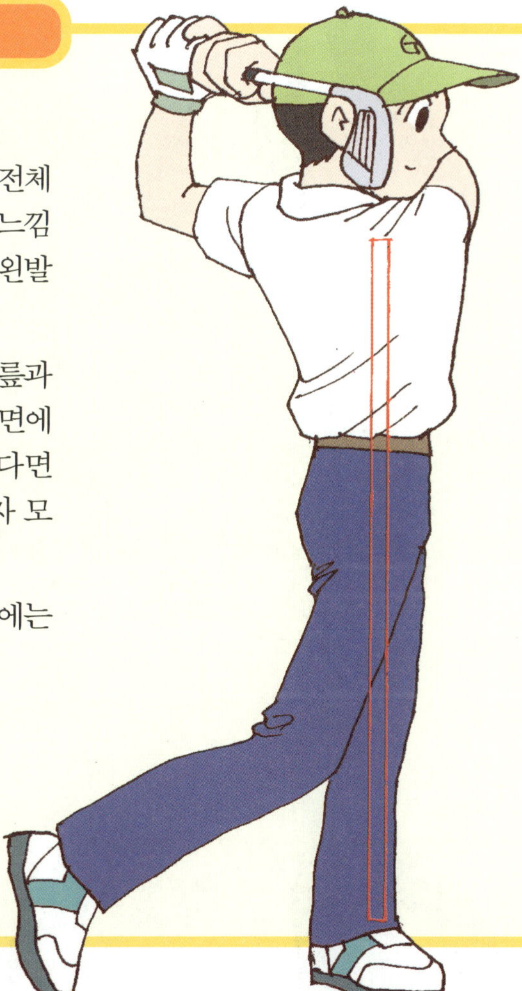

가장 좋은 피니시는 몸 전체가 왼쪽 다리에 올라타는 느낌이 들면서 체중의 90%가 왼발에 실린다.

이때 머리, 가슴, 오른쪽 무릎과 발 등은 목표를 향한다. 정면에서 피니시스윙 동작을 본다면 왼발이 일직선상에 놓여 I자 모양이 된다.

클럽을 끝까지 휘두른 후에는 오른발 뒤꿈치가 세워진다.

폴로스루(1~3)와 피니시(4)의 포인트

❶ 왼쪽에 벽이 있는 것처럼 허리를 댄다.

❷ 오른팔은 목표를 향해 돌린다.

❸ 오른쪽 어깨가 턱밑에 들어오듯 회전시키고 시선은 공을 친 부분을 본다.

❹ 상체는 목표를 향한다.

슬라이스와 훅 7

타구가 목표 방향에서 오른쪽으로 구부러지는 것을 슬라이스,
반대로 왼쪽으로 구부러지는 것을 훅이라고 해.
슬라이스, 훅?
슬라이스나 훅 때문에 고민하는 사람이 의외로 많아.
슬라이스는 초보 골퍼에게 많고 훅은 골프를 오래한 사람에게 많이 나타나.
신기하네?

그림으로 살펴보면 슬라이스는 공에 오른쪽 회전이 걸려 오른쪽으로 구부러지고, 훅은 왼쪽 회전이 걸려 왼쪽으로 구부러지는 걸 볼 수 있지.

슬라이스의 원인

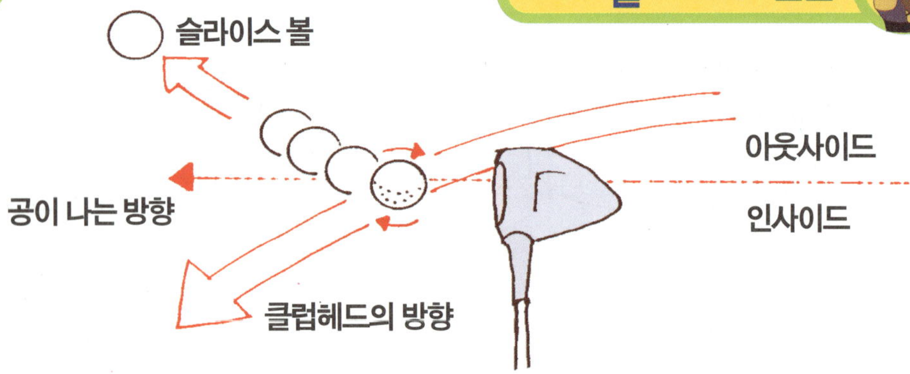

클럽이 아웃사이드인(공이 나는 방향의 바깥쪽에서 클럽헤드가 내려와 임팩트 후에 안쪽으로 휘두른다)으로 흔들리면 클럽페이스가 목표로 하는 스퀘어에 공이 맞아도 공을 오른쪽에서 왼쪽으로 강하게 문지르게 되어 공의 오른쪽에 회전이 걸린다.

이때 페이스가 열려 있으면 오른쪽 회전은 더 강해진다.

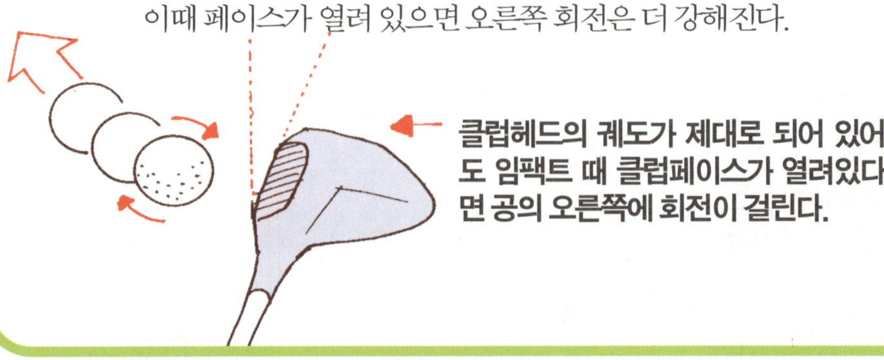

훅의 원인

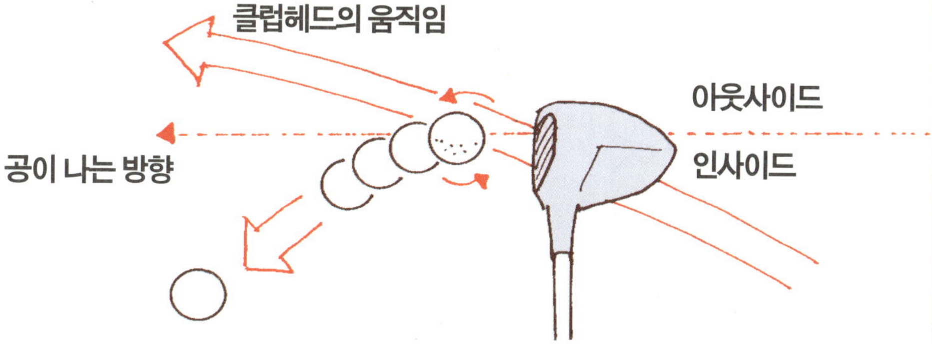

클럽이 인사이드아웃(공이 나는 방향의 안쪽에서 클럽헤드가 내려와 임팩트 후에 바깥쪽으로 휘두른다)으로 흔들리면 클럽페이스가 목표로 하는 스퀘어에 공이 맞는다 해도 공을 왼쪽에서 오른쪽으로 문지르게 되어 공의 왼쪽에 회전이 걸리고 페이스가 닫힌 상태라면 왼쪽 회전은 더 강해진다.

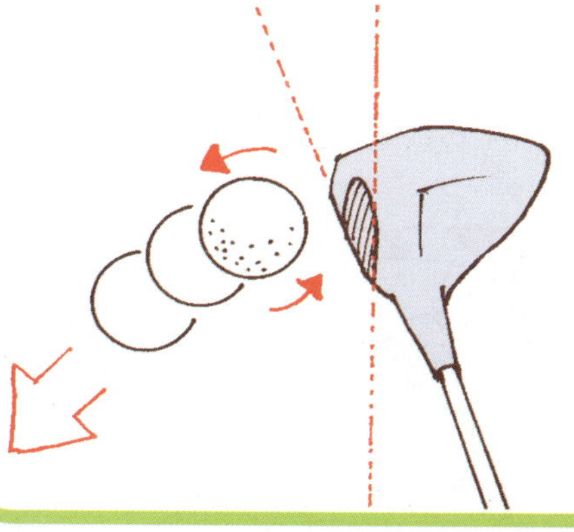

클럽헤드의 궤도가 정상이어도 임팩트 때 클럽페이스가 닫혀있다면 공의 왼쪽에 회전이 걸린다.

음~ 좋아. 지금 얘기해준 원인은 절대 조심해둘게.
아니야. 그걸 이용해 더 잘 치는 사람들도 있어. 절대 나쁘다고는 할 수 없어.
엥?
그럼 대체 어떻게 하라는 거야?
그런 원인이 곧바로 슬라이스나 훅으로 연결되는 것은 아니어도
슬라이스나 훅으로 인
고민한다면 한번쯤 자신
스윙을 체크해 봐야겠지.
무엇이든 그렇겠지만 스윙도 기본이 중요해.
기본이라…
클럽은 인사이드인으로 휘두르고 페이스는 스퀘어로 공을 치는 기본…
쉽게 말해 공이
가는 방향의 안쪽
로 내려치고 안쪽
로 휘두르는 것이

아이언스윙 8

이번엔 아이언스윙을 알아보자.
아이언은 코스에서 사용 횟수가 아주 많은 클럽이야.
1번부터 9번까지 번호가 있는 것과 사이드웨지, 피칭웨지를 합치면 11종류가 있어.
아이언클럽은 공의 상태나 목표 거리에 따라 바꿔가며 사용하는데 3~5번을 롱아이언 6~8번을 미들아이언 9, P.S을 쇼트아이언이라고 해.
아이언은 드라이버헤드의 모양, 그리고 클럽의 길이도 다르지만 스윙의 기본은 같아.
흠!

아이언 중에도 헤드가 얇은 것이 있고 9번 아이언은 클럽이 아주 짧지.
그래. 그래서 클럽을 선택할 때는 스탠스의 폭이나 공의 위치로 조절하는 거야.
구체적으로 어떤 거야?
클럽이 짧아지면 스탠스도 좁아지고 공의 위치는 드라이버와 같지만 공이 한두 개 들어갈 정도로 오른쪽으로 치우치는 게 좋지.
클럽이 짧아지면 왜 스탠스가 좁아지지?
아이언은 방향성을 중시하니까 드라이버보다 클럽이 짧고 클럽이 짧아지면 공과 몸이 가까워지겠지.

드라이버와 아이언 임팩트 차이

드라이버나 롱아이언은 평면궤도로 공을 측면에서 치는데 미들아이언 이하의 아이언은 직선 궤도로 공을 박아 넣듯이 친다. 다시 말해 미들아이언 이하에서는 아이언궤도가 최하점에 이르기 직전에 헤드가 공에 맞아 공이 놓인 자리의 1~2센티미터 앞의 잔디가 훼손된다.

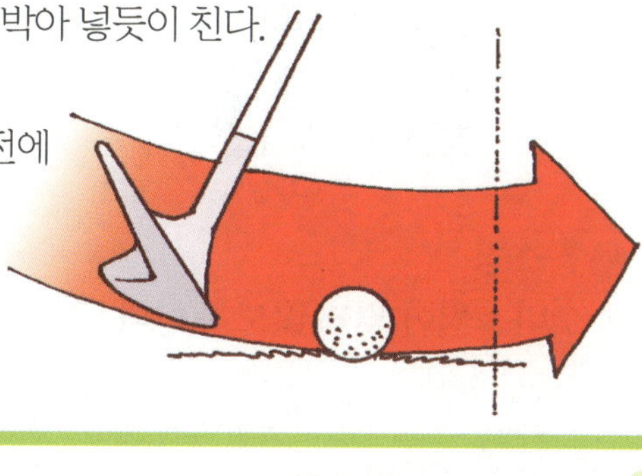

■ 스윙포인트(롱아이언) ■

① 어드레스

스퀘어 스탠스로 어깨 폭보다 약간 좁다.

② 백스윙

클럽은 공이 날아가는 방향을 따라 낮고 길게 끈다.

③ 톱스윙

오버스윙이 되지 않도록 한다.

④ 임팩트

클럽은 왼손의 리드로 옆에서 후려치듯 친다.

■ 스윙의 포인트(미들아이언) ■

❶ **어드레스**

스퀘어 스탠스로 어깨 폭보다 오른발 폭만큼 벌린다.

❷ **백스윙**

체중은 약간 왼발 쪽에 남긴다.

❸ **톱스윙**

손잡이는 오른쪽 귀의 뒤쪽 정도.

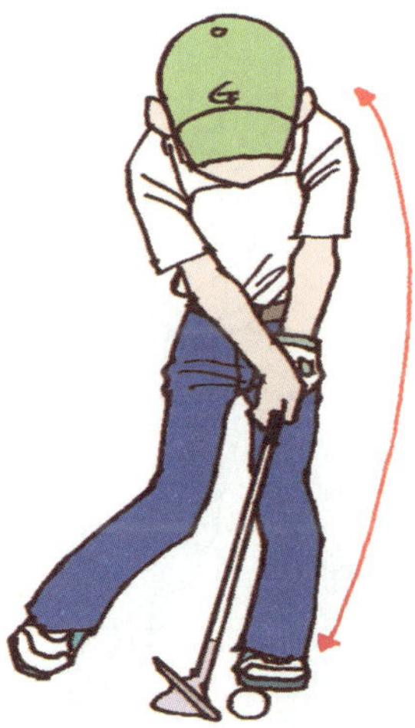

❹ **임팩트**

몸은 공이 날아가는 방향에 대해 활 모양으로 구부린다.

■ 스윙의 포인트(숏트아이언) ■

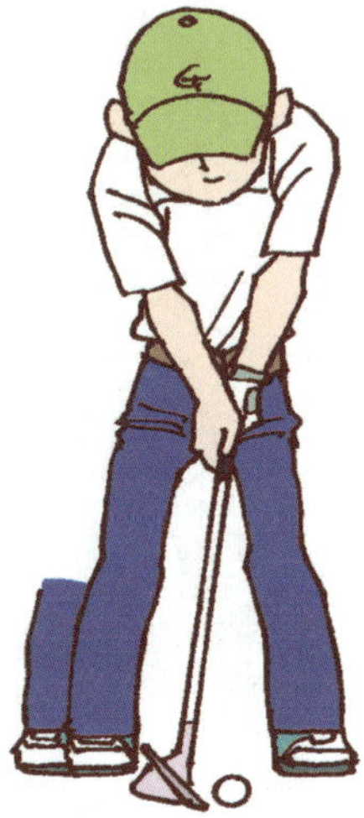

① 어드레스

오픈스탠스로 미들아이언보다 좁다.

② 백스윙

체중은 왼발에 남겨둔다.

③ 톱스윙

왼쪽 어깨는 크게 회전시키고 오른쪽무릎은 안쪽으로 조인다.

④ 임팩트

몸은 공이 날아가는 방향으로 활처럼 구부린다.

그럼 폴로스루는
어떻게 해?
음~
스윙이 완전히
끝난 뒤에도 충분히
휘두르는 것이
중요해.
쇼트아이언이라면 톱은
이 정도가 좋아.
그렇지만 폴로스루는
크게 잡고
피니시는 이렇게
높이 잡아야 해.

목표 거리가 아무리 가까워도 힘을 빼면 안돼. 거리가 가깝다면 클럽을 짧게 잡는 거야.
그래서 클럽의 종류가 다양한 거였군.
그래. 아이언은 번호가 클수록 클럽이 짧아지고 로프트 각도가 3~5도씩 커져.
1
9
따라서 같은 스윙이라도 클럽이 짧을수록 스윙면이 작아지고 로프트 각도가 큰 것이 공이 높이 올라가게 되는 만큼 나는 거리가 짧아지는 거야.
클럽에 따른 거리를 알 수 있다면 얼마나 좋을까?
호호호. 절대적인 것은 아니지만 연습을 통해 자신이 몇 번 아이언으로 어느 정도 날리는지는 알아둬야겠지.

6번홀

연습장 활용

1 연습장위치와 준비물

골프연습장은 거리에 따라 긴 연습장과 짧은(실내) 연습장으로 나눌 수 있어.
저기 골프장이 보인다.
골프는 처음에 제대로 배우는 것이 좋아.
처음에 제대로 스윙을 배우면 큰 어려움 없이 타수를 줄일 수 있어. 하지만 잘못된 스윙이 몸에 배면 수정하기 위해 엄청난 노력을 해야 해.
그래서 초보 골퍼를 잘 가르칠 수 있는 레슨프로나 프로협회에 등록되어 있는 프로강사가 있는 연습장을 이용하는 게 좋아.
프로강사라…

골프스윙을 잘하려면연습을 꾸준히 반복적으로 해야 해.
반복연습을 하려면 연습장 가는 길이 집이나 직장에서 가까우면 꾸준히 연습할 수 있을 거야.
스윙이 어느 정도 되는 골퍼들은 짧은 연습장도 괜찮지만 초보 골퍼들은 될수록 긴 연습장이 좋아.
왜?
긴 연습장에서 스윙을 하면 자신의 볼이 어느 정도 날아가는지 그리고 어디에서 휘는지 확인할 수 있을 테니까.
될 수 있으면 2, 3층 연습장이 좋은데 그 이유는 내려다보면서 연습할 수 있어서 거리감을 익히면서 스윙을 할 수 있기 때문이지.

연습장에서
스윙연습을 하려면
준비물과 복장을
갖추어야 해.
클럽 · 장갑 · 골프화 ·
수건 등등

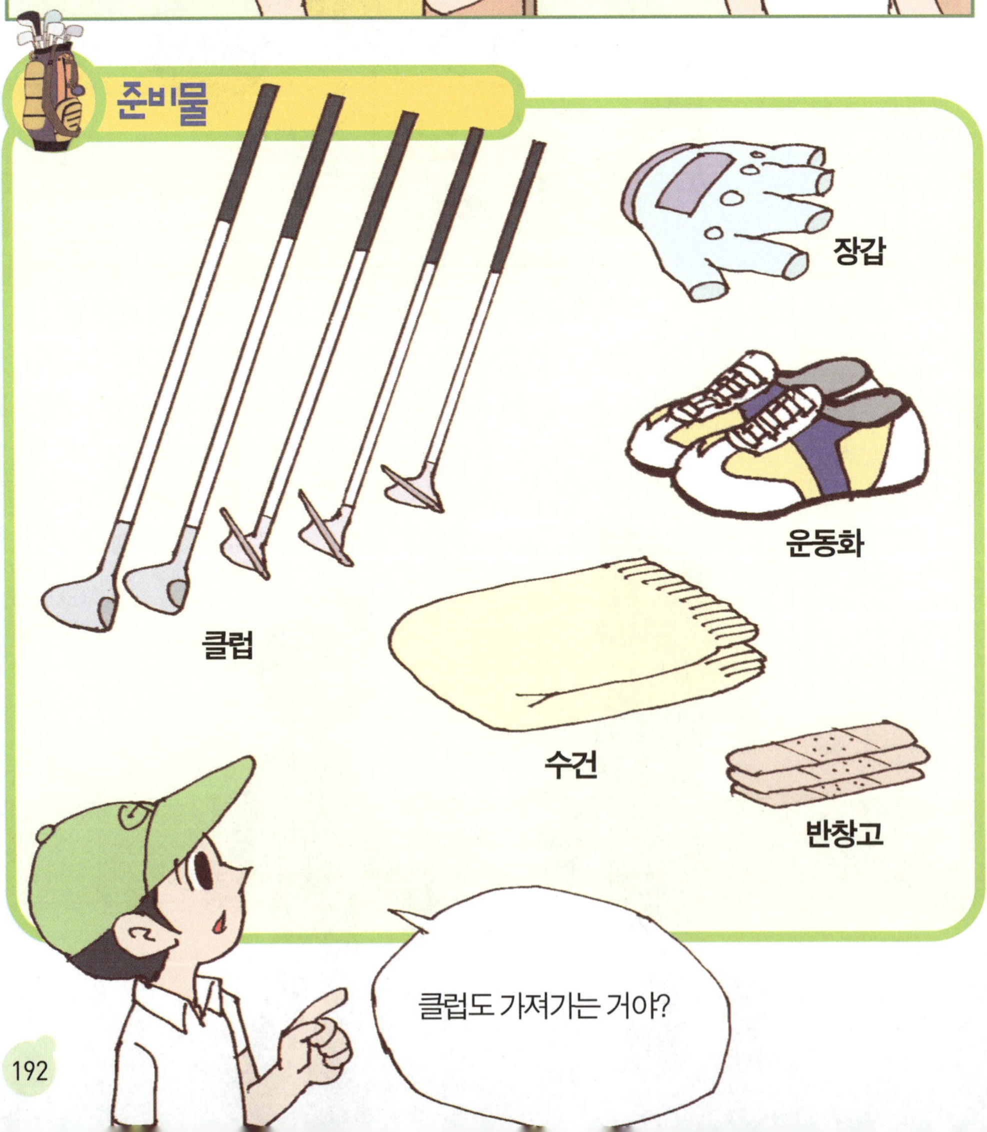
준비물
장갑
운동화
클럽
수건
반창고
클럽도 가져가는 거야?

대부분의 연습장에
임대클럽이 있지만 가능하면
자신의 클럽으로
연습해야 실전에서도 스윙이
부드럽겠지. 우드 1~2개
아이언 2~3개 정도면 돼.
그렇구나.
장갑은 클럽이 왼손 안에서 미끄러
지면 미스샷이 나기쉽고 물집이 생
길 수 있어서 자기 손에 맞는 장갑쯤
은 가지고 가야겠지.
특히 클럽이 미끄러져 놓칠 경우 다
른 사람이 맞거나 벽에 맞아 튕겨져
나와 위험할 수 있어서 주의해야 해.
골프화는 특별하게
규제가 없지만
실전 라운드를 대비해서
연습장에서
미리 골프화를
길들여두는
차원에서 준비해
간다면 더 좋겠지.

수건이나 반창고 같은 경우엔 여름에 땀이 많이 날 경우를 대비해 준비하는 게 좋아.
반창고도 준비해 두면 손이나 발에 생긴 물집 등 응급처치로 쓸 수 있으니까.
그럼 복장은 어떤 게 좋아?
복장의 경우는 특별히 규제하지는 않지만 골프웨어를 입는 것이 좋아.
골프웨어는 스윙시 가장 움직이기 쉽고 기능적이기 때문이지.
실제로 연습장에 가 보면 대부분의 골퍼들이 골프웨어를 입고 연습하는 것을 볼 수 있어.
그렇구나

연습장 시스템 2

연습장 시스템은 지역에 따라 차이가 있긴 하지만 대부분 프런트에서 신청, 접수, 순서대기,
볼 꺼내기, 세팅, 연습, 정돈 순서로 진행돼.
먼저 프런트에 가서 자신의 이름을 기입하고 클럽을 빌려 사용할 것인지를 말하면 돼.
기본 1인 1타석이지만 교습자와 2인 1타석을 얻어 서로 휴식하면서 연습하는 것도 좋은 방법이야.
요금은 선불이 보통이고 입장료와 바구니(볼을 담는)의 수, 클럽을 빌린 경우에는 대여료를 합산한 금액을 지불하는데
대부분 연습장은 할인된 가격으로 월회원권을 발매하고 있어서 자주 이용한다면 월회원권을 사두면 편리할 거야.
그거 좋은데…

순서대기는 연습장
이 비어 있으면 신
청 직후 연습을 할
수 있어.
하지만 주말에는 오랜 시간
기다릴 수도 있어서 그럴 땐
대기실에서
기다리면 돼.
음…
접수할 때 전표에 기입되어 있는
번호가 자신의 타석 번호로 타석
을 고를 때 중앙 부근을 정하는
게 좋아.
초보 골퍼의 경우에는
2, 3층의 중앙 부근 타석이 좋구.
그리고 프런트에서 이름이 불리면
지정 타석으로 들어가게 돼.
지정 타석 테이블에 짐이나 옷을
놓고 골프화로 바꿔 신고 볼을 꺼
내는데 볼을 꺼내는 방법은 2가
지가 있어.

■ 자동화 방식

자동화 방식은 프런트나 자판기 등에서 프리페이드 카드를 구입해 각 타석에 있는 기계에 넣으면 자동으로 티업이 되는 방식으로 대부분의 연습장이 자동화 방식으로 연습할 수 있다.

■ 볼 자판기 방식

볼 자판기는 말그대로 자판기에 카드를 넣어서 공을 받는 방식으로 볼 자판기 앞에 쌓여 있는 바구니를 볼이 나오는 출구에 댄 뒤 카드를 넣어 볼을 받아 사용하는 방식이다.

연습장 요금의 경우에는 볼 사용료를 내야 하는데…
볼 값은 한 바구니당으로 계산하지만 시간제로 운영하는 곳도 있어.
한 바구니는 자동판매기의 코인 1개분(카드식은 눈금 1개분)이야.
연습장마다 바구니 공의 수가 조금씩 다르니까 요금도 다르겠지?
그…그런가?
또 초보 골퍼일 경우 레슨을 받아야 하는데 될수록 레슨프로에게 지도를 받는 게 좋아.
연습장에서 레슨을 받고 싶으면 프런트에서 신청하면 연습장에 소속된 티칭프로에게 레슨을 받을 수 있어.

티칭프로를 선택할 때
특별한 조건이 있어?
특별할 건 없지만
자신과 체격 조건이
비슷한 프로를
선택하는 게
좋아.
왜?
그래야 따라하기가 편해서
빠른 기량향상을 할 수 있기 때문이지.
그와 더불어 티칭 경험이
풍부하고 그립을 강조하는
티칭프로라면 더없이 좋고
한꺼번에 많은 티칭보다는
한가지라도 의문이 없도록
반복해서 가르쳐 주는
프로가 좋겠지.
그렇구나.

3 효과적인 연습

이제 효과적인 연습방법을 하기 위해선 먼저 워밍업부터 시작해야 해. 준비운동 없이 갑자기 볼을 치게 되면 신체에 무리가 올 거야.
그…그렇겠지.
가벼운 체조로 몸을 유연하게 하고 양팔을 X자로 포개서 좌우로 체중 이동하는 워밍업은 필수야.
그리고 초보 골퍼에게는 스윙의 기본 감각을 익히는 것이 중요한데
스윙리듬과 템포는 어떤 클럽을 사용하던간에 늘 일정한 스윙플레인을 형성하는게 좋아. 그래서 초보 골퍼들은 7번 아이언으로 스윙감각을 익히는 게 좋구.

클럽이 단순히
볼을 치기 위한
막대기가 아니란 건
알고있지?
클럽은 볼을 때리는 두팔의 연장선
상에 있는 또다른 두팔이라는 것.
응
클럽을 잘 쓰기 위해서는 먼저
클럽헤드의 무게를 느낄 줄 알
아야 해.
클럽헤드의
무게?
그래. 그래야만 클럽과
팔이 하나가 되어 볼을
정확히 칠 수 있기 때
문이야.
그래?

골프채를 잡고 그립을 지탱점으로
해서 천천히 흔들어 준다.
손은 움직이지 말고 헤드 자체의
무게만으로 움직인다.
이때 왼손의 그립을 가볍게 잡아
야 한다.
왼손을 지탱점으로 삼고 클럽을 흔들
어 헤드의 무게를 느낀다.
이렇게 클럽은 헤드의 무게를 느끼면서
채찍처럼 쳐야 해.
이렇게
말이지?

그리고 연습할 때는 반드시 목적을 가지고 볼을 쳐야 해.
목적?
먼저 웨지나 9번 아이언으로 임팩트와 거리감을 느낄 수 있도록 10분 정도 샷을 해.
10분 정도?
그 다음엔 긴 클럽부터 차례로 연습하고 마지막은 다시 웨지나 9번 아이언으로 마무리하는 거야.

연습샷을 할 때는 클럽을 짧게 잡은 후 컨트롤샷(의식적으로 거리와 방향성을 조정하는 샷)을 해서 미스샷이 나올 경우 원인을 파악해야해.
미스샷의 원인을 분석하면서 정성스럽게 치다보면 100~150개 정도에서 지치게 돼.
그래?
또 클럽도 3~5개 정도를 집중적으로 연습하는 것이 효과적이야.
클럽을 3~5개 정도!
목적없이 그저 많은 스윙연습을 했다고 해서 실력이 느는 것은 아니란 걸 알아야 해.
알았어. 반드시 목적을 가지고 연습을 해야 한단 거잖아.

볼과 발의 위치 4

이번엔 연습장에서 연습할 때 볼과 발의 위치를 살펴보자.
볼과 발의 위치는 고정형과 이동형 2가지가 있어.
고정형은 어떤 클럽을 사용하던 왼발의 뒤꿈치 앞에 볼을 두는 것이고,
…
이동형은 7번 아이언을 기준으로 롱클럽은 왼발 가까이 볼을 두고 숏클럽은 오른발 가까이에 볼을 두는 거야.
최근에 골퍼들은 이동형을 선호하고 있어.

볼 위치(고정형:오른발 뒤꿈치 앞)

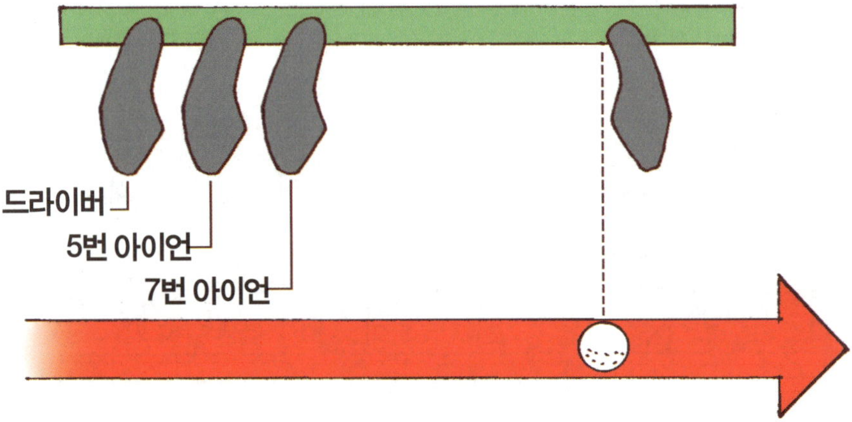

고정형은 말그대로 볼의 위치가 일정하다. 위치는 왼발 뒤꿈치 앞이고 스탠스는 클럽에 따라 바뀐다.

작은 클럽일수록 스윙원이 작기 때문에 스탠스도 좁아지며 보폭의 크기는 오른발을 이동해 조절한다.

고정형은 볼이 항상 같은 위치에 있어 어드레스를 빨리 할 수 있지만 아이언샷을 할 때 더프가 나거나 뜬공이 될 수 있다.

볼 위치(고정형:7번기준 롱클럽은 왼쪽, 숏클럽은 오른쪽)

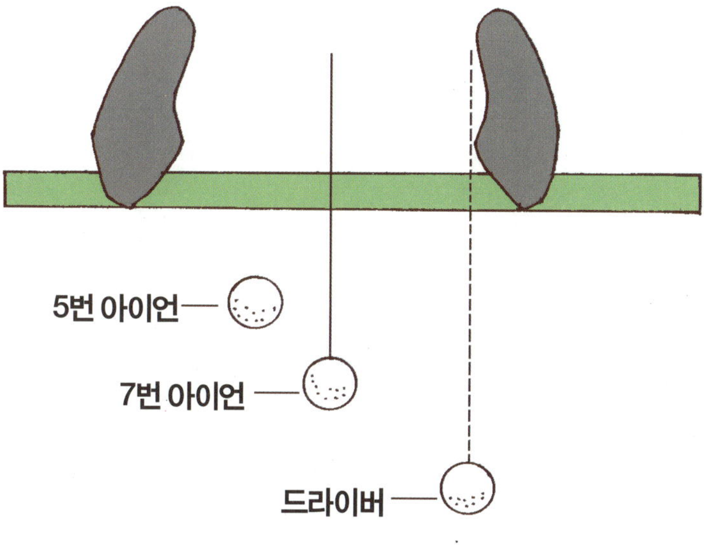

이동형은 볼이 클럽이 길수록 왼발쪽에 위치하고 클럽이 짧아질수록 가운데 또는 오른발쪽에 위치한다.

볼의 위치는 드라이버(우드 1번)는 왼발 뒤꿈치 안쪽이고 7번 아이언은 스탠스 중앙, 9번 아이언은 중앙에서 약간 오른쪽에 놓는 것이 기본이다.

이동형을 통해 클럽에 따라 볼의 위치를 바꿔주면 항상 일정한 스윙 형태를 유지할 수 있다.

드라이버로 어퍼블로스윙을 할 수 있고 아이언으로 다운블로스윙도 할 수 있다.

5 연습장 에티켓

연습장에서도
에티켓이 필요해?
당연하지.
첫째, 연습장에서는 타석이
외의 장소에서 스윙을 하면
안돼.
볼을 직접 치기 전 클럽을 휘두르는 경우가
있는데 타석에서 휘두르는 건 상관없지만
그외 다른 장소에서 휘두르는 건 엄격히 금
지되어 있어.
복도나 통로에서 무의식적으로
클럽을 휘두른다면 주위 사람들에게
해를 끼칠 수 있거든.
엄마야!
휘휭

두 번째, 타석은 뒤쪽으로 들어간다.
왜?
친구나 이웃, 동료 등과 함께 연습하는 경우가 많지.
이런 경우 타석에 들어설 때 볼을 놓는 기계 위를 넘어 옆으로 넘어가는 경우가 있어.
...
이건 굉장히 위험한 행동이야.
만약 타석의 양옆에 누군가 클럽을 휘두르며 스윙연습을 하고 있다면 크게 다칠 수가 있지.
그래서 평소 타석에 들어설 땐 타석 뒤쪽으로 들어가는 습관을 들여야 해.
그렇구나.

또 연습장에 올 때 어린이는 데려오지 않는 것이 좋은데
왜?
연습장은 위험한 곳이야. 타석 부근은 클럽을 휘두르기 때문에 큰 위험이 있어.
클럽이나 공에 맞는다면 큰 상처를 입을 수 있는 사고로 이어질 수 있을테니까.
그래서 위험을 잘 감지하지 못하는 어린이들은 데려오지 않는 것이 좋은 거야.
또 주위에 연습하는 사람들의 신경을 거스르게 되어 연습에 집중할 수 없을 테고…
그렇구나.
어쩔 수 없이 어린이를 데리고 왔다면 대기실에서 기다리게 해야만 돼.

그리고 또 한 가지
중요한 게 있어.
뭔데?
연습장에서 스윙하는
사람들은 집중해서 스윙을
하게 돼.
그런데 연습장을
전세낸 것처럼
떠들면서 소란을
피우는 골퍼들도
있어.
쉽게 말해 주위 사람들에게
피해를 주고 있는 경우지.
모든 샷은 조용한
분위기에서 집중이
잘 되는 것이라서,
연습장에서도 주위 사람
들의 분위기를 존중해주
어야 자신도 샷에 집중
할 수 있겠지.

그리고 연습을 다 마치고 나면 타석 정돈을 해야 해.
볼 바구니는 자판기 옆에 가져다 놓고 사용한 수건과 음료수캔 등은 지정 장소에 가져다 놓으면 돼.
타석이 다 정리되었으면 기다리고 있는 다른 사람에게 자리를 비워주면 돼.
또 연습할 때 사용하던 클럽 손질도 해야 하는데
클럽은 연습장에서 바로 손질하는 게 좋아. 클럽헤드와 샤프트그립 등을 마른 수건으로 닦아내야 해.
만약 클럽헤드가 심하게 더럽다면 수돗물에 씻은 후 마른 수건으로 닦아야 하고…
만일 바빠서 클럽 손질을 못했으면 집에 와서라도 꼭 손질하는 습관을 들이는 것도 중요해.
그렇구나.

7번홀

골프장으로 출발

드디어 클럽하우스에
도착했다.
클럽하우스 현관 앞에 도착하면
캐디가 가방을 받으러 와.
잘 부탁합니다.
어서 오세요.
캐디가 가져간
가방은 저렇게
늘어세워 놓게 돼.

그런데 이렇게 놓으면 바뀌지 않을까?
걱정마!
명찰이 붙어 있어서 그런 염려는 할 것 없어.
이수철
우드
어! 정말 이름이 써져 있구나.
수철아!
성은아. 우리가 좀 늦었지?

미안~
차가 많이 막혀서…
괜찮아.
야! 지각하는 건
에티켓을 따지기 전에
이미 골퍼로서 자격이
없는 것 몰라?
미안 미안.
진심으로 사과할께.
자! 얘들아.
다 모였으니
프런트에 가서
사인하자.
오케이~

1 프런트에서 사인을 한다

네가 들고 있는 것은
방문객용이고,
VISITOR
이름
주 소
전화번호
내 것은 회원용이야.
MEMBER
이름
주 소
전화번호
방문객(일반)용, 회원용 등으로
따로 작성하는 것은 자격에 따라
비용이 달라지기 때문이야.

2 라커룸에서 옷갈아입기

3 출발시간체크 하기

출발시간은
어떻게 돼?
출발시간은 캐디 마스터실에서
확인할 수 있어.
캐디 마스터실은
어디 있는데?
캐디 마스터실은
클럽하우스로 가는
출구 부근에 있는 것이
보통이고 티그라운드
근처에 있는 곳도
있어.
저 이수철인데…
출발시간은 몇시입니까?
네.
8시입니다.

로컬룰!
OB의 경계는
흰색말뚝이며…
이 로컬룰이란건
뭐야?
각 코스의 특수 조건에
따라 설정된 규칙아냐?
맞아.
코스의 규칙이 있으니까
오늘은 이 규칙이 우선이야.
그럼
이 스코어카드는
어떻게 써?
스코어카드는
실전골프 때 자세히
알려줄께.

4 가벼운 식사

너희들 배고프지 않니? 난 조금 출출해서 식당에 들릴 건데?
식당? 좋아.
점심은 보통 하프(9번홀)를 돈 다음 먹어.
출발이 빠른 사람부터 순서대로 식사를 하고 식사를 마치면 나머지 홀로 나가면 돼.
뭘 먹을까?
야! 수철아. 오늘 게임 맥주사기 게임하면 어떨까?
나야 언제든지 콜~

5 클럽하우스, 코스매점

코스에는 프런트나인과 백나인이 있어서 각각 매점이 있어.
와
우와아~ 골프용품은 거의 다 있는 것 같다.
집에 갈 때 사갖고 가야겠다.
매점에서는 경기할 때 필요한 공과 티펙등 보충해야 할 것들을 구입할 수 있어.
경기중 비가 올 때를 대비해 비옷도 판매하고 있어.

6 출발전 연습

출발 전 연습은 자세를 가다듬는 것이 목적이니까 가볍 게 하는게 좋아.
흠흠… 가볍게!!
연습 순서는 쇼트아이언, 미들아이언, 드라이버와 같이 짧은 클럽에서 긴클럽으로 연습하는 것이 좋아.
가볍게 몸 풀듯이…
과감하게…
딱

또 연습그린에서의
퍼팅연습은 그날의
잔디상태와
퍼팅감각과
조화가
주안이 돼야 해.
처음엔 반드시 구멍이
가까운 거리에서부터
시작해서 조금씩
거리를 늘려
가는 것이 좋아.
땡그랑
아~싸!!

그린의 상태는
오전과 오후가
다를 경우가 있어.
왜?

이른 아침의 잔디는
아침이슬 등으로 젖어
있을 수 있어서 공이 잘
안 굴러갈 수도
있기 때문이지.
흠.

퍼팅연습
여러 방향에서 굴러가는
상태를 조사하고 넣을
수 있는 거리부터 조금
씩 거리를 늘리세요.

8번홀

실전골프

1 출발티

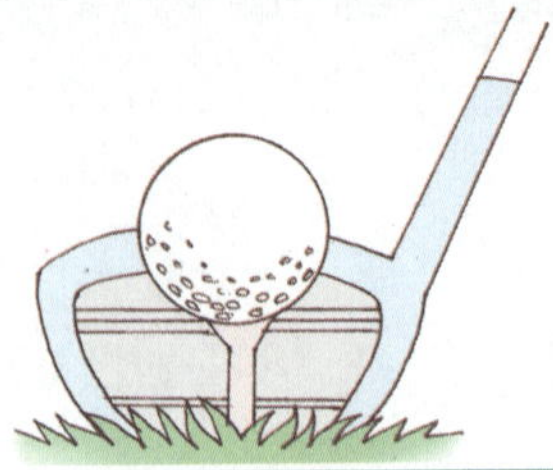

코스에 나갈 때는 여유있게 출발시간 10분전까지는 집합해야 해.
만일 늦어질 경우엔 클럽하우스에 전화를 걸어 동료들에게 알려야 하고···
···
정식대회에서 지각한 경우 매치 플레이에서는 첫 번째 홀에선 자동으로 패배, 스트로크 플레이에선 벌점 2타가 주어지고
5분 이상 지각하면 실격이 되니까 주의해야 해.

출발은 어떻게 해?
출발은 언제나 아웃 1번홀로 규정되어 있는건 아니야.
10번홀부터 시작하는 경우도 있어.
10번홀부터?
27홀이나 36홀 코스도 많기 때문에 출발코스를 사전에 확인해둬야 해.
그…그렇구나.

2 출발순서

안녕하세요.
잘 부탁합니다.
저야말로 잘
부탁드려요.
앞의 조와의 간격이 너무
붙어 있을 때는 제가 치라고
할 때까지 기다려주세요.
네.
캐디들은 출발시간이 가까워지면
캐디 마스터실에 보관해둔 가방을
각각 조단위로 카트에
싣고 오게 돼.
출발순서와 시간은
예약신청할 때 정해져.
그날 코스가 붐비는지
여부와 경기 진행상황에
따라 빠르기도
늦어지기도해.
히히히~
빨리 치고 싶을 뿐이야!

자신감이
너무 넘치는 거
아냐?
이 멋진 폼을 빨리 보여주고
싶단 거지.
휘익
출발을 기다릴 때는
조용히 해야 해.
왜?
바로 근처에 있는
티그라운드에서
경기가 진행되고
있을 수
있어.
따라서 선수나 주위 사람들에게
피해를 줘선 안 되겠지.
찝~

3 클럽수와 공 체크

여러분~
클럽 수를 체크하겠어요.
네~
이수철씨, 나성은씨. 열두 개, 열네 개.
네.
네.
이용훈씨, 김나라씨. 열두 개, 여덟 개.
네.
클럽 수는 열네 개 이하로 제한되어 있어. 개수가 초과되면 반칙이야.
따라서 반칙을 범한 홀에 대해 2타 추가, 1라운드 최고 4타의 벌점이 주어져.
저런~

골프공은 상표나
번호 등이 각각 다른 것을
사용해야 해.
왜?
같은 홀을 사용할 경우
누가 친 공인지 모를 수도
있기 때문이야~
하긴 공이 같으면…
그럴수도…
같은 공인 경우 한쪽에
자신만 알 수 있는 표시를
해놓는 것도 괜찮아.
이번참에 확
내 얼굴사진을 공에 넣어?

4 오너와 타순

• 오너를 정하는 제비막대 •

(지름 7~8밀리의 금속막대)

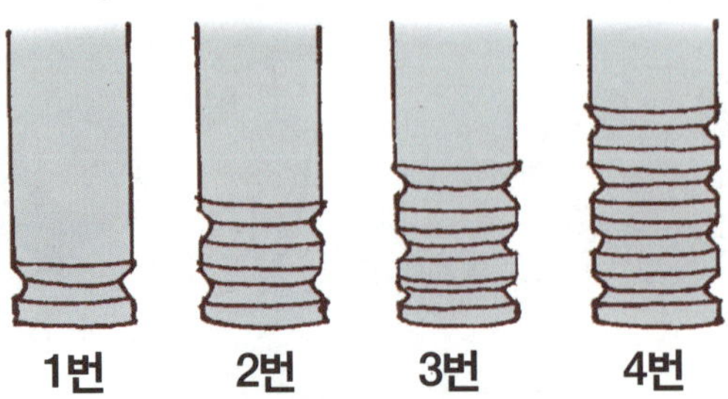

티그라운드 규칙과 티업

• 티그라운드의 모양
홀방향
티마크
티잉 구역
클럽 두개분의 길이

실제 티마크는
마크와 마크를
잇는 선은 보이지
않아.
티마크 안을
안표로 하고 공의
위치를 정하면 돼.

또 공이 구역 내에 있으면 발이나 몸이 구역 바깥으로 나가서 치는 건 상관없어.
반드시 마크와 마크를 잇는 선? 앞으로만 나가지 않으면 돼.
티샷은 티업해서 칠 수가 있는데 공을 치기 쉽도록 티업 위에 올려놓고 치는 거야.
티업할 때의 펙은 여러 종류가 있고, 정해진 규격은 없어.
긴 펙은 주로 드라이버 등으로 칠 때 사용되고 짧은 펙은 주로 아이언 등으로 칠 때 사용해.
티샷할 때 티업을 하지 않아도 된다고 판단된다면 그냥 쳐도 돼.

코스의 공략목표

• 초보자 루트
어느 방향으로 티샷을 쳐야 될까?
코스공략법을 생각중이구나?
티잉그라운드
초보자들은 파4코스도 파5, 파6처럼 공략하려고 하니까…
하~ 막상 치려고 하니 앞이 캄캄하다.
큭큭

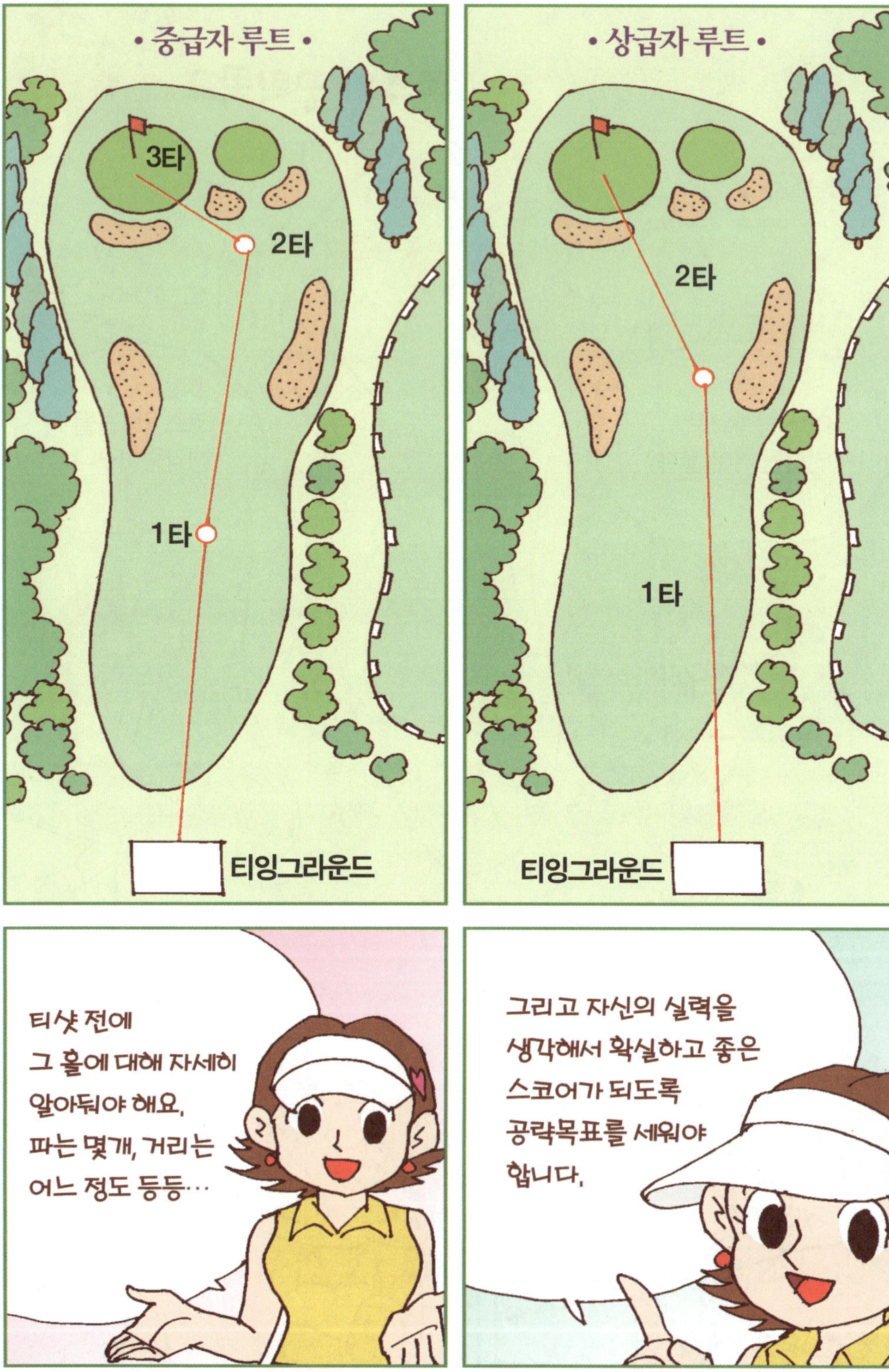
• 중급자 루트 •
3타
2타
1타
티잉그라운드
• 상급자 루트 •
2타
1타
티잉그라운드
티샷 전에 그 홀에 대해 자세히 알아둬야 해요. 파는 몇개, 거리는 어느 정도 등등…
그리고 자신의 실력을 생각해서 확실하고 좋은 스코어가 되도록 공략목표를 세워야 합니다.

오너부터 순서대로…

이제 순서대로 쳐주세요.
와~ 드디어…!!
오너부터 순서대로 티업하고 제1타를 치면 돼.
가장 주의해야 할 건 앞의 조 구역 내로 공을 쳐선 안돼.
그러기 위해선 캐디의 지시를 기다리는 게 현명해.
그렁구나.

...
나이스 샷!!
딱
친 공이 OB나 분실구가 될
우려가 있을 경우엔
잠정구를 쳐두세요.
잠정구는 전원이
다 친 다음에 얘기를
하고 치는 거예요.

정확한 어드레스 순서

코스 외 공략지점을 정한 후 티업을 하고 공략할 지점을 주시한다. 머리속으로 볼이 날아갈 방향과 거리를 염두해두면서 어떤 식으로 볼이 날아가고 어떤 식으로 목표에 떨어지는지 그려보는 것이다.

공략지점을 주시하면서 볼이 날아갈 방향과 거리를 그려본다.

티업한 지점에서 1m 정도의 거리에 표식을 기준으로하여 양발 라인이 타킷라인과 평행이 되게 스탠스를 취한다.

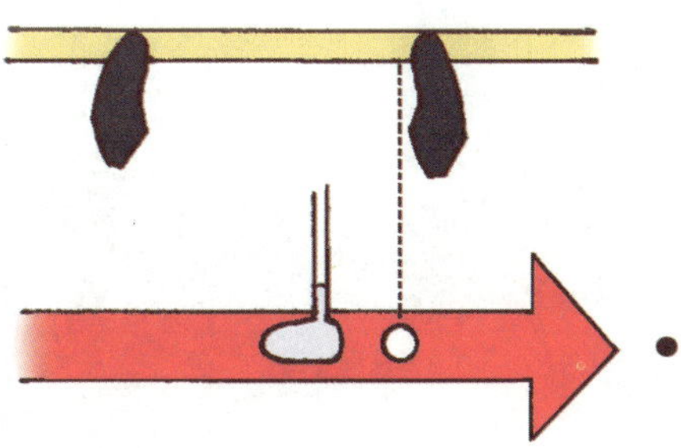

클럽페이스는 타킷라인과 직각이 되게 겨눈다.

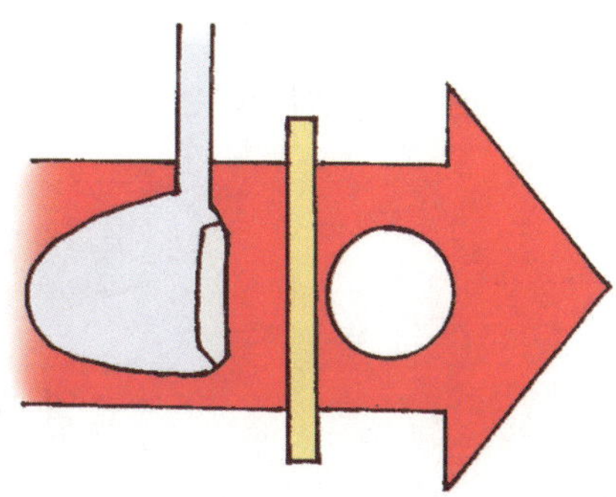

5 드라이버샷(티샷)의 어드레스

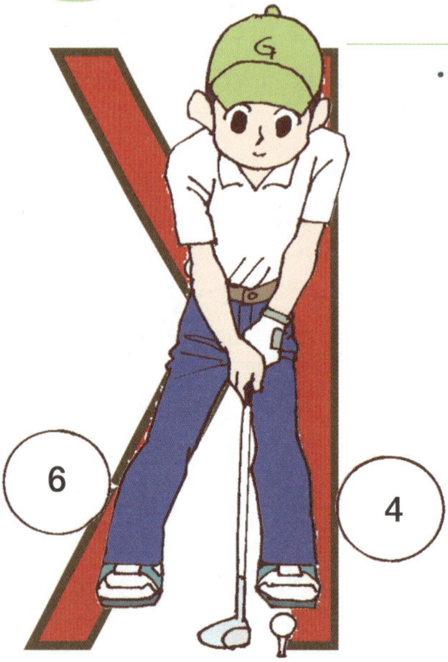

· 역K자형 어드레스

드라이버샷은 볼을 멀리 날리려는 것이 주목적이다. 어드레스도 그에 따라 이루어져야 하는데

드라이버로 볼을 높이, 멀리 보내야 할 경우 K자형 어드레스를 한다.

· 역K자형 어드레스의 스윙

몸의 왼쪽 사이드가 고정되어 볼을 어퍼블로로 칠 수 있다.

어퍼블로스윙은 클럽헤드가 스윙 궤도의 최하점을 지난 직후 임팩트가 이뤄지는 스윙이다.

올바른 티의 높이

티의 높이가 일정치 않다면 스윙의 템포와 리듬이 칠 때마다 바뀌게 되고 임팩트시 클럽페이스와 볼이 만나는 점이 일정해지지 않게 된다. 티가 너무 높은 경우 자신도 모르게 퍼올리는 스윙을하게 되고 티가 너무 낮을 경우 위에서 내려치는 스윙이 되기도 한다. 티의 높이는 항상 일정해야 일정한 리듬과 템포로 스윙을 할 수 있다.

클럽헤드 위로 볼이 절반 정도 보이는 것이 표준이다.

· 드라이버는 어퍼블로스윙을 한다.

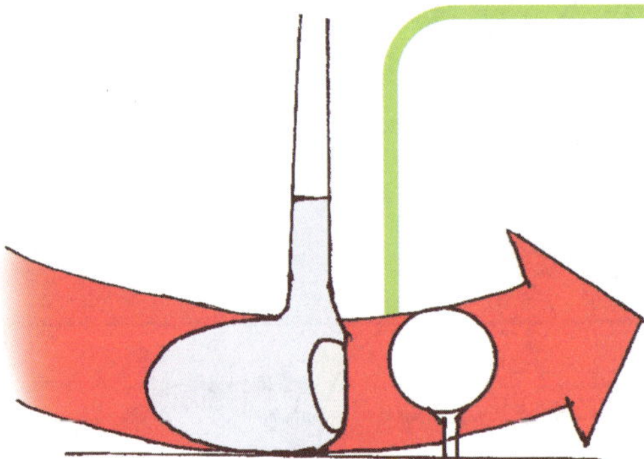

드라이버는 어퍼블로

드라이버샷은 스윙 궤도의 최하점 이후 떠오르는 시점에 임팩트가 이루어진다.

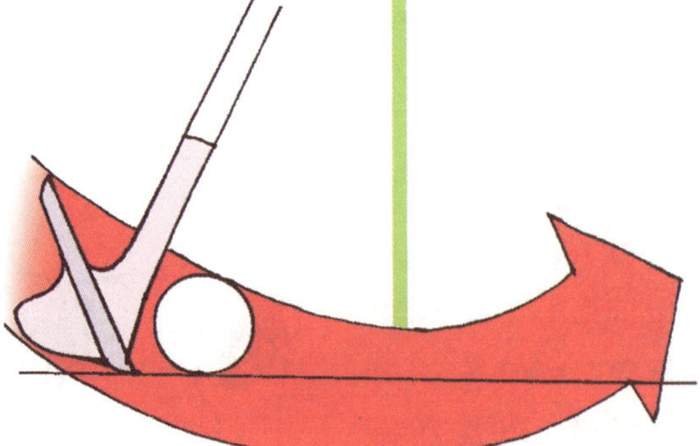

아이언은 다운블로

아이언샷은 임팩트 이후 스윙 궤도의 최하점이 이루어진다.

드라이버샷의 다운블로현상은 볼의 위치때문

스윙 궤도의 최하점은 클럽헤드가 스탠스의 중앙에 왔을 때로 최하점 이전에 임팩트가 이뤄진다면 다운블로스윙이 되고 최하점에 임팩트가 이뤄지면 비로 쓸듯이 치는 쓸어치는 스윙이 되며 최하점 이후에 임팩트가 이뤄지면 다운블로스윙이 된다.

클럽별 임팩트와 최하점의 위치

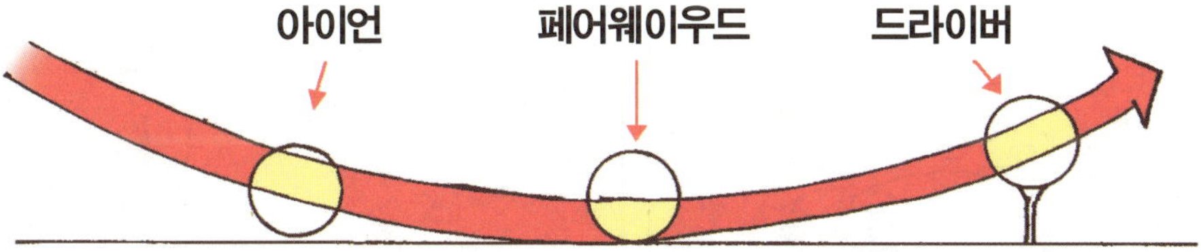

아이언샷은 임팩트 직후 스윙 궤도의 최하점이 된다.

페어웨이우드샷은 임팩트 순간이 스윙 궤도의 최하점이 된다.

드라이버샷은 최하점 이후 임팩트가 된다.

드라이버샷이 어퍼블로스윙이 되는 것은 스윙 궤도의 최하점 이후에 임팩트가 이루어지기 때문이며 볼이 왼발 뒤꿈치 선상에 있어서이다.

볼의 위치

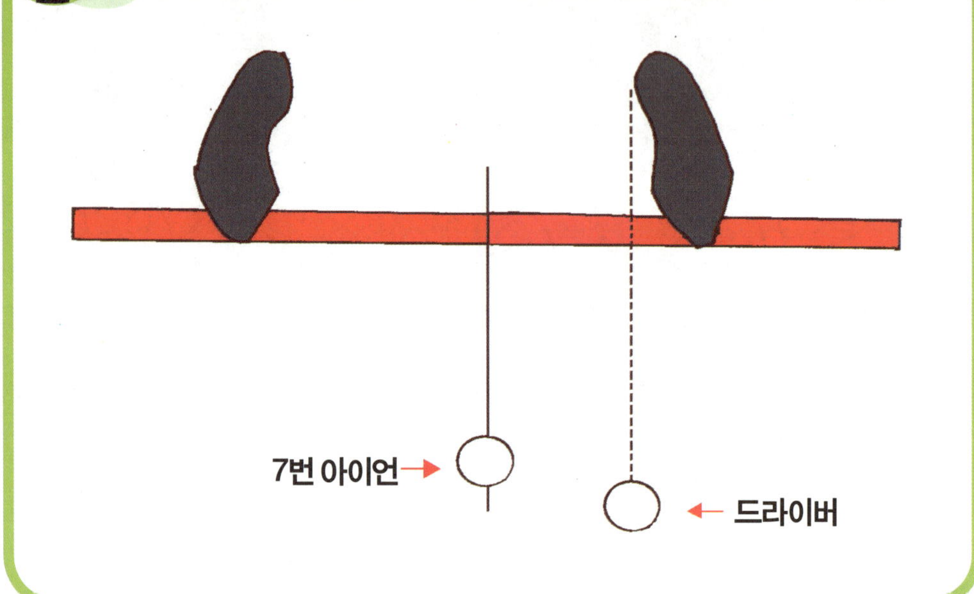

드라이버샷에서 볼을 왼발 뒤꿈치 선상에 놓기

오른발만 어깨넓이보다 약간 넓게 벌려주면 왼발 뒤꿈치선상에 볼이 오게 된다.

어퍼블로스윙 비결은 다운스윙에 있는데 톱스윙이 완성되면 하체는 이미 다운스윙이 시작된다.

아래 그림의 순서에서 보듯 하체를 먼저 이동한 후 상체(팔과 어깨)가 내려오면 정확하고 힘이 실린 임팩트가 가능하다.

- **다운스윙 순서**(다리 → 허리 → 팔)

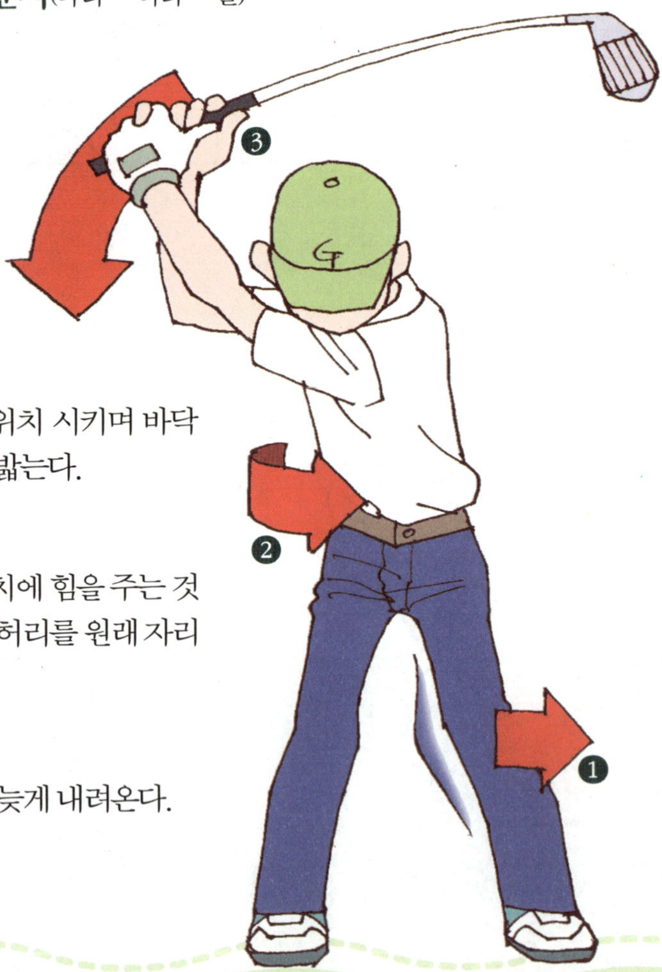

❶ 왼발을 원위치 시키며 바닥을 지그시 밟는다.

❷ 왼발 뒤꿈치에 힘을 주는 것과 동시에 허리를 원래 자리로 돌린다.

❸ 손이 가장 늦게 내려온다.

파3홀에서 핀이 좌측이나 우측에 있는 경우 스윙 전략법

파3홀에서는 제1타로 볼을 그린에 올리는 것이 목적이다. 핀이 왼쪽에 있을 경우 온그린(볼이 그린 위로 올라가 멈추는 것)을 목표로 그린 중앙을 노려야 한다.

온그린이 되면 2퍼팅으로 홀아웃이 가능할 수 있고 최악의 경우 3퍼팅을 한다 해도 보기에 그칠 수 있기 때문이다.

도그렉 홀(dogleg hole)이란 티잉 그라운드에서 그린 사이가 ㄱ자로 꺾인 홀을 말하는 것으로 오른쪽으로 굽은 도그렉 홀의 경우 가장 짧은 루트는 오른쪽 페어웨이가 된다.

하지만 오른쪽 페어웨이에 벙커가 있다면 직접 공략은 어렵다. 이런 경우 페어웨이 가운데보다 안전한 왼쪽을 공략하는 것이 스윙 전략이다. 왼쪽으로 볼을 보낸 후 다음 샷으로 온그린도 쉽게 할 수 있다.

맞바람이 불고 비 오는 날의 스윙 전략

비가 내리는 날은 빗물로 인해 볼이 멀리 날아가지 않는다. 따라서 비 오는 날의 캐리(Carry:볼이 공중을 날아가는 거리)는 짧아지고 런(Run:볼이 지면을 구르는 것)도 짧아진다.

이런 날에는 티샷을 할때는 런보다 캐리가 많은 샷을 목표로 해야 한다.

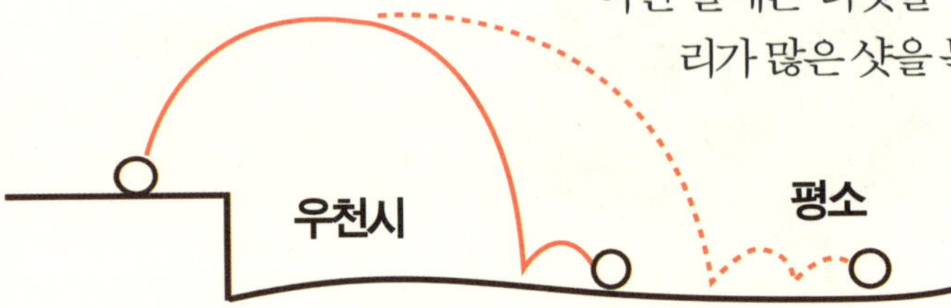

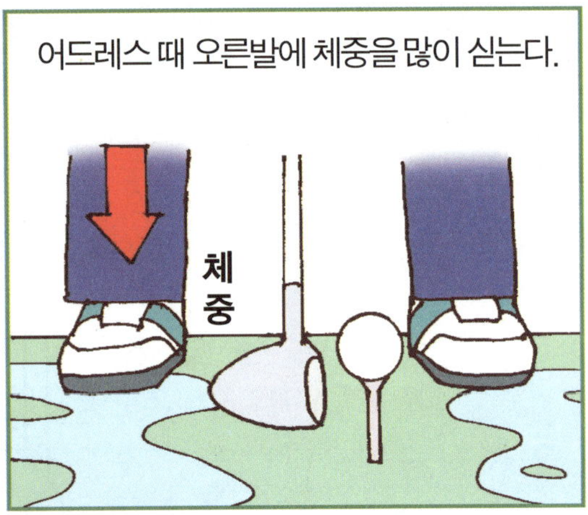

페이드와 슬라이스 전략법

페이드는 오른쪽으로 약하게 휘어 목표에 적중하도록 의도적으로 치는 볼이고 슬라이스는 의도와는 다르게 오른쪽으로 심하게 휘어 목표에서 빗나가는 경우다.

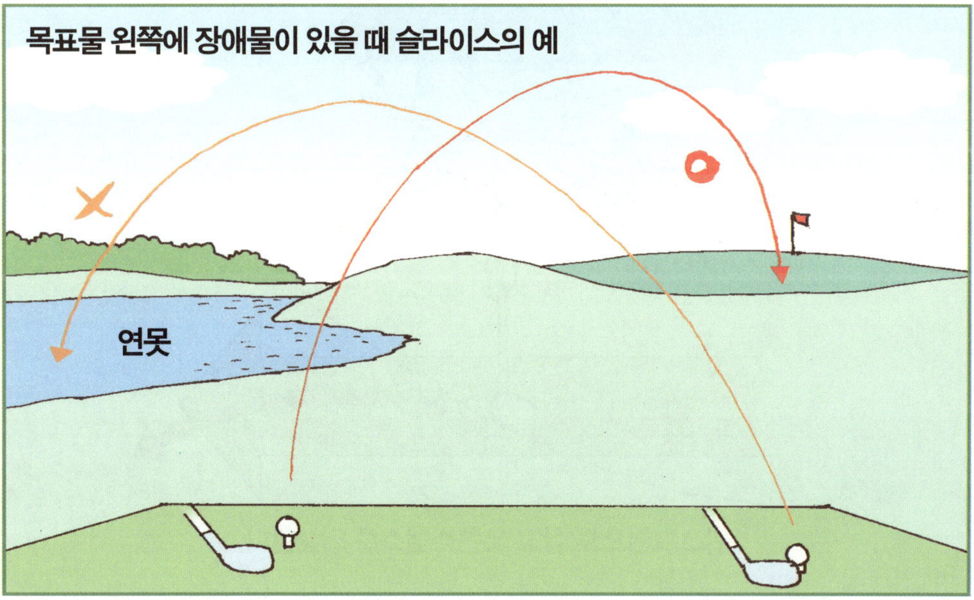

목표물 왼쪽에 연못이나 벙커 등 장애물이 있을 때 페이드 또는 슬라이스로 쳐야 한다. 쉽게 칠 수 있는 방법은 먼저 그립을 약하게 잡는다.

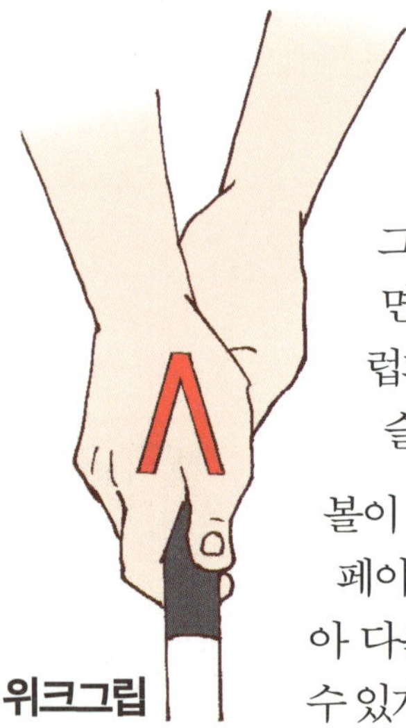

위크그립

위크그립은 왼손의 손등이 클럽을 적게 덮는 그립으로 역V자가 얼굴을 향하게 된다.

그립을 약하게 잡은 후 오픈스탠스로 티샷을 하면 스윙 궤도가 아웃-인 궤도를 그리게 되어 클럽페이스와 볼이 임팩트될 때 볼에 회전이 걸려 슬라이스가 발생한다.

볼이 휘어지는 정도는 그립으로 조절이 가능하다. 페이드는 약간 약하게, 슬라이스는 좀 더 약하게 잡아 다운스윙 때 왼팔이 오른쪽으로 더 많이 틀어질 수 있게 하면 된다.

· 슬라이스 치는 법 ·

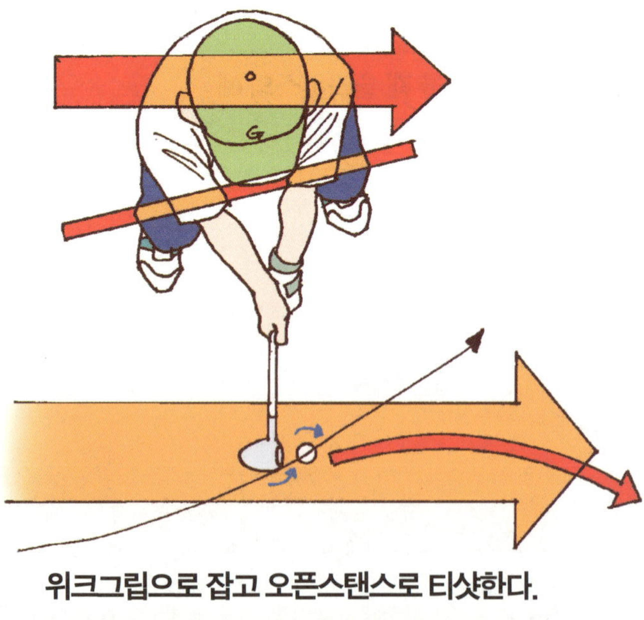

위크그립으로 잡고 오픈스탠스로 티샷한다.

드로와 훅의 스윙 전략법

드로우는 왼쪽으로 약하게 휘어 목표에 적중하도록 의도적으로 치는 볼이며 훅은 의도와는 다르게 왼쪽으로 심하게 휘어 목표에서 빗나가는 경우의 볼이다.

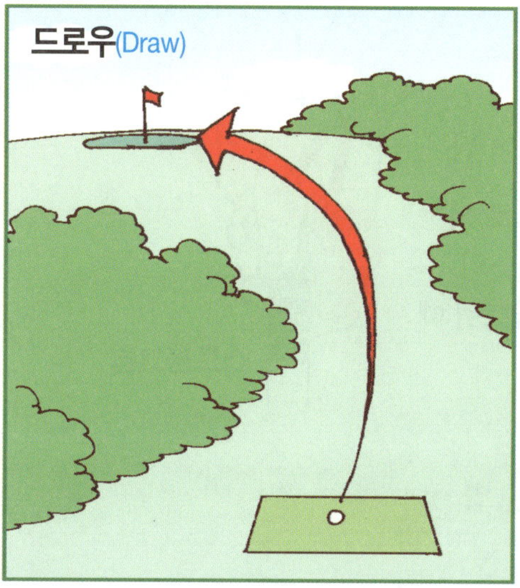

목표물 오른쪽에 연못이나 벙커 등의 장애물이 있다면 드로 또는 훅으로 쳐야 한다. 간단하고 쉽게 칠 수 있는 방법으로 먼저 그립을 강하게 잡는다.

그립은 스트로그립으로 이 그립은 양손이 오른쪽으로 많이 돌아가는 형태의 그립이다. 역V자가 오른쪽 어깨 밖으로 나가는 형태로 스윙시 클럽페이스가 닫혀(목표의 왼쪽) 맞게 되어 훅의 원인이 된다.

그립을 강하게 잡고 클로즈드 스탠스로 서서 티샷을 한다. 그럼 스윙 궤도가 인-아웃의 궤도를 그려 클럽페이스와 볼이 임팩트될 때 볼에 회전이 생겨 훅이 발생한다.

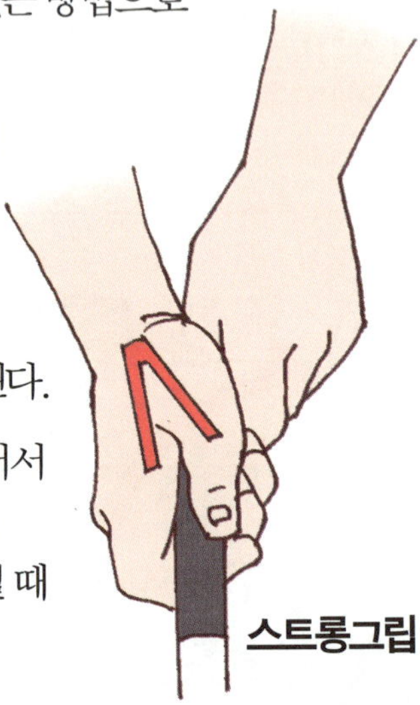

스트롱그립

· 훅 치는 법 ·

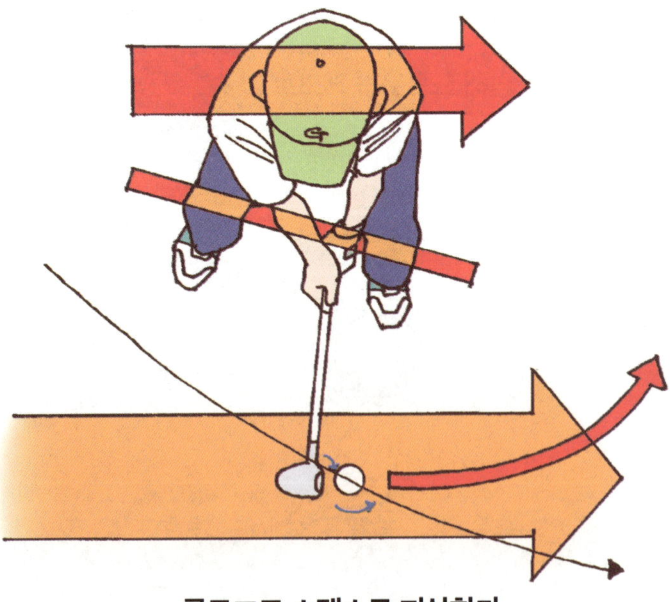

클로즈드 스탠스로 티샷한다.

❶ 백스윙을 충분하게 해준다

백스윙시 허리와 어깨를 최대한 회전시켜야 한다.

몸을 비틀면 등근육이 팽팽해진다.

이때 클럽을 쥔 양손은 힘을 주지 않아야 한다.

손에 힘이 들어가면 헤드스피드가 떨어져 임팩트가 약해지고 플로스루도 충분하지 않게 된다.

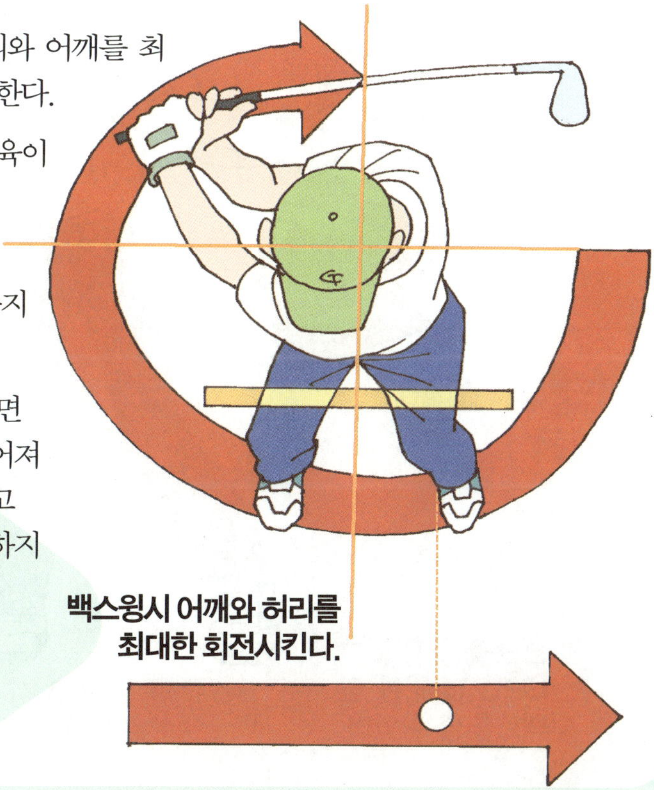

백스윙시 어깨와 허리를 최대한 회전시킨다.

❷ 백스윙시 코크를 풀지 않는다

톱에서 다운스윙으로 갈 때 강한 임팩트를 위해 코크를 풀지 않아야 한다.

새끼손가락으로 클럽헤드를 끌어내리는 느낌으로 다운스윙을 하면 되는데 이럴 경우 양손에 힘을 넣지 않은 채 다운스윙이 이루어져 임팩트 직후 헤드의 최대 스피드가 나오게 돼 강력한 임팩트가 가능하다.

코크를 풀지 말고 내려오면 강한 임팩트를 할 수 있다.

③ 왼쪽사이드의 가상의 벽

팔을 내리기 전 허리를 돌리면 체중이 왼쪽 다리에 모이면서 왼쪽 사이드에 벽이 생긴다.

다운스윙시 몸이 왼쪽으로 쏠리면 백스윙시 축적된 힘이 허리와 클럽헤드 쪽으로 분산된다.

이럴 경우 강한 임팩트가 되지 않고 단순히 미는 볼이 된다.

강한 볼을 치려면 몸의 어딘가에 지탱점을 만들어 몸이 멈춰야 하는데 다운스윙시 팔을 내리기 전에 허리를 먼저 돌려 체중이 왼쪽 다리 안쪽으로 모이게 하면 된다.

이 경우 왼쪽 사이드에 벽이 생겨 강한 임팩트를 할 수 있다.

④ 폴로스루는 크게한다

클럽헤드의 최고 스피드는 임팩트 직후 나와야 장타가 가능하다.

먼저 톱에서 힘을 뺀 후 다운스윙을 하다가 양손이 오른쪽어깨 위치에 왔을 때 힘을 넣어야 헤드의 최고 스피드가 임팩트 직후 나오게 돼 강한 임팩트가 가능하다.

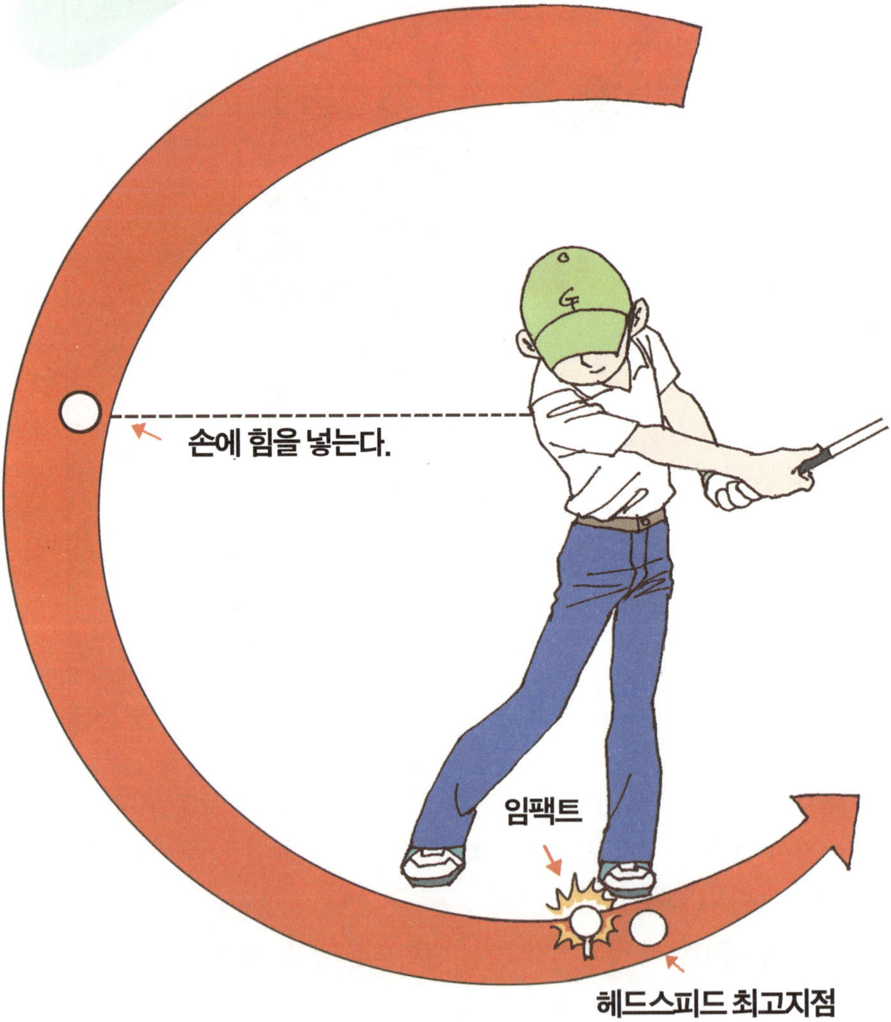

톱 상태에서 머리를 고정시키고 이어지는 다운스윙 · 임팩트 · 폴로스루에 걸쳐서 그대로 머리 위치를 유지해야 장타가 가능하다.

❻ 클로즈드 스탠스

힘이 약한 여성들의 경우 강한 볼을 칠 수 있는 자세로 클로즈드 스탠스를 취하면 드라이버 스윙시 인사이드에서 볼을 치기 쉽다.

클로즈드 스탠스에서 인사이드로 당기기 쉽고 왼쪽 어깨가 깊이 들어가게 되어 톱스윙이 충분하게 이뤄진다.

다운스윙에서 인-아웃의 스윙이 되어 훅회전이 걸려 강한 훅볼이 된다. 그러므로 목표보다 오른쪽을 쳐야 한다.

오른발을 조금 위로 빼 글로즈드 스탠스를 취한다.

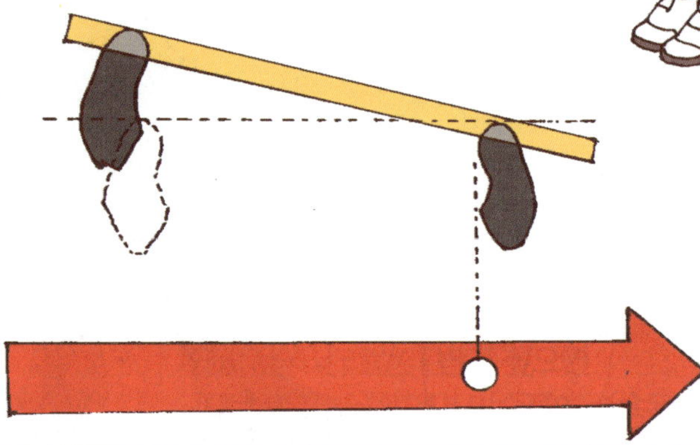

티업을 높이고 아래에서 올려치듯 친다.

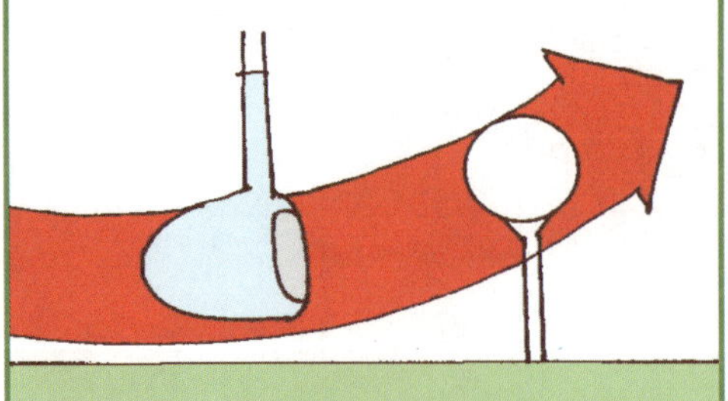

볼이 훅이 될 수 있어서 목표보다 오른쪽을 공략한다.

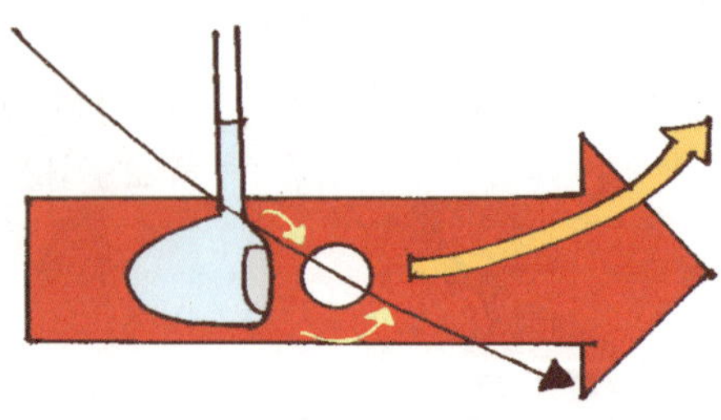

페어웨이우드 6

페어웨이우드는 드라이버 다음으로 긴 클럽이고
헤드스피드가 빠르지 않은 골퍼도 볼을 잘 날릴 수 있는 장점이 있어서 여성 골퍼들에게 유용한 클럽이야.
요즘은 하이브리드 클럽을 사용하는 여성 골퍼도 많아.
하이브리드 클럽?
하이브리드 클럽은 우드와 아이언의 중간 형태로 헤드 크기가 우드보다 작아 볼을 치기 쉬워.
남성 골퍼들은 1번, 3번, 5번 또는 1번, 3번 우드로 세팅하는 경우가 많고
여성 골퍼는 대부분 1번, 3번, 4번, 5번 우드로 세팅하는 경우가 많지.

페어웨이우드는 롱아이언과 달리 솔의 폭이 넓어 뒤땅을 친다고 해도 솔면이 미끄러져 어느 정도의 비거리를 낼 수 있다.

하지만 드라이버처럼 퍼올리는 스윙을 한다면 토핑이 나기 쉽다.

그 이유는 잔디 위의 볼을 퍼올릴 때 페어웨이 특유의 넓은 솔이 지면에 튕겨올라 솔의 맨앞에 있는 리딩에지가 떠오른 상태에서 볼을 치기 때문이다.

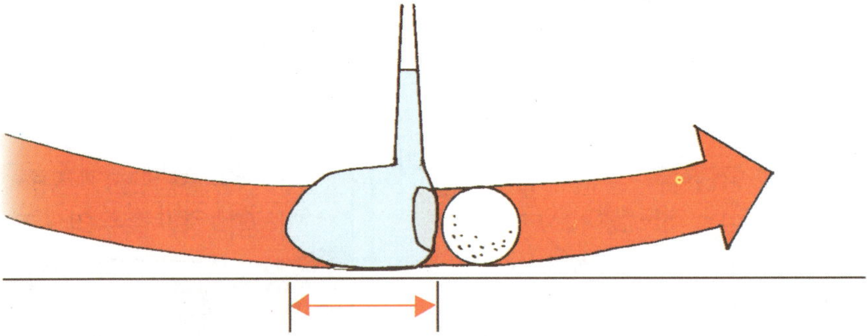

페어웨이우드는 솔이 넓어 지면에서 쉽게 미끄러진다.

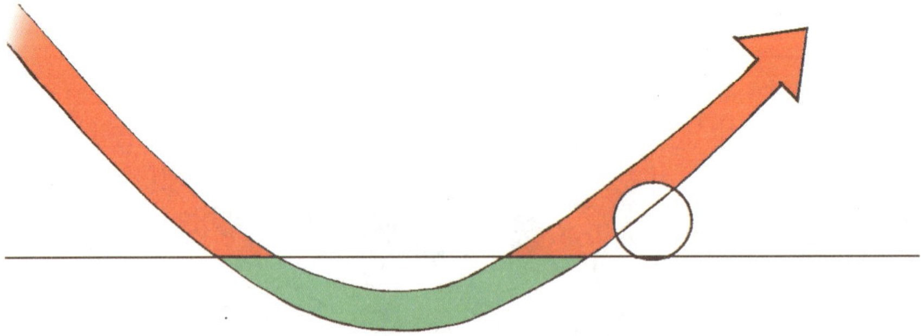

페어웨이우드로 퍼올리려고 하면 토핑이 나기 쉽다.

• 페어웨이우드샷으로는 안전한 곳을 공략한다 •

그린 왼쪽에 벙커가 있을 때 볼이 왼쪽으로 향하면 벙커에 빠지게 된다. 이럴 때는 직접 그린의 핀을 노리고 치는 것이 좋다. 이 스윙은 타킷 라인과 평행하게 기본에 충실한 어드레스를 한다.

페어웨이우드의 스탠스는 드라이버보다 약간 좁고, 미들아이언보다 약간 넓다. 볼 위치는 왼쪽 귀 앞이고 드라이버일 때보다 볼 1~2개 정도 안쪽이다.

체중은 양발에 50:50이며 클럽페이스는 조금 오픈시킨다. 오픈시키는 이유는 클럽페이스를 타깃라인과 직각으로 맞추면 클럽솔 부분이 들려 아이언처럼 다운블로로 스윙이 될 수 있기 때문이다.

페어웨이우드는 빗자루로 바닥을 쓸 듯 치는 사이드블로스윙이다.

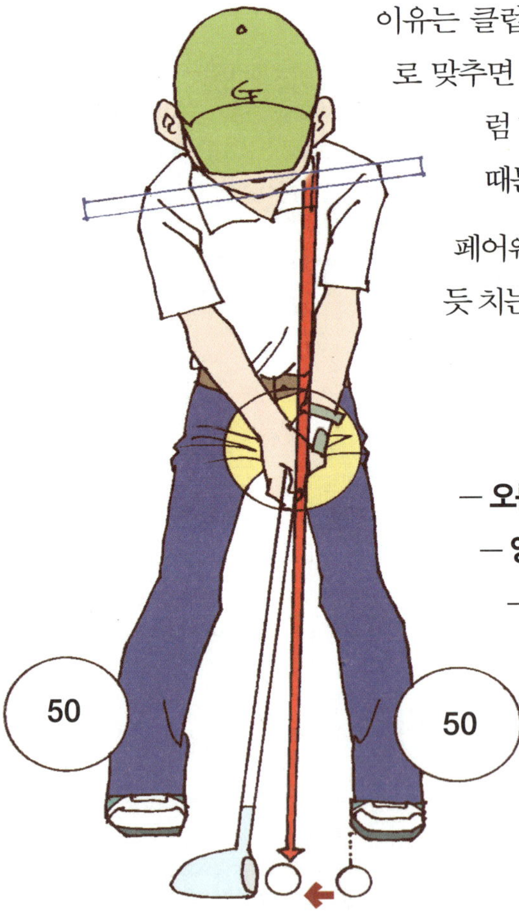

– 오른쪽 어깨가 조금 내려온다.
– 양손 위치는 왼쪽 허벅지 안쪽.
– 볼은 왼쪽 귀 앞.

우드티샷의 티의 높이

우드와 드라이버에서 티의 높이는 아래의 그림처럼 차이가 있다.

이유는 임팩트 시점이 달라서인데 우드는 스윙 궤도 최하점에서 임팩트가 이루어지고 드라이버는 스윙 궤도의 최하점을 지나 클럽헤드가 올라오는 시점에 임팩트가 이루어지기 때문이다.

· 우드로 티샷할 경우 티의 높이

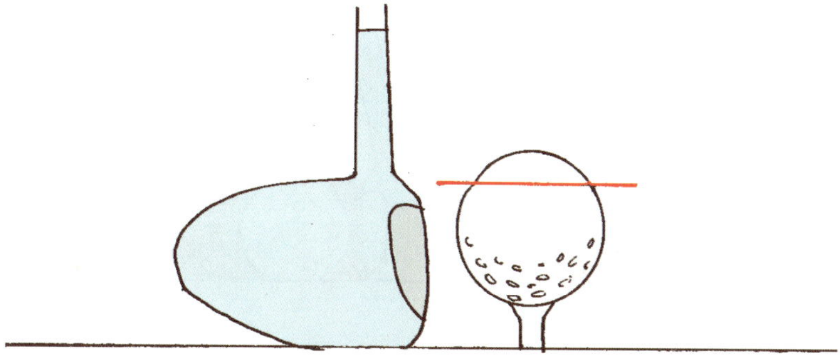

볼과 잔디 사이의 손가락 하나가 들어갈 정도

· 드라이버 티샷의 티의 높이

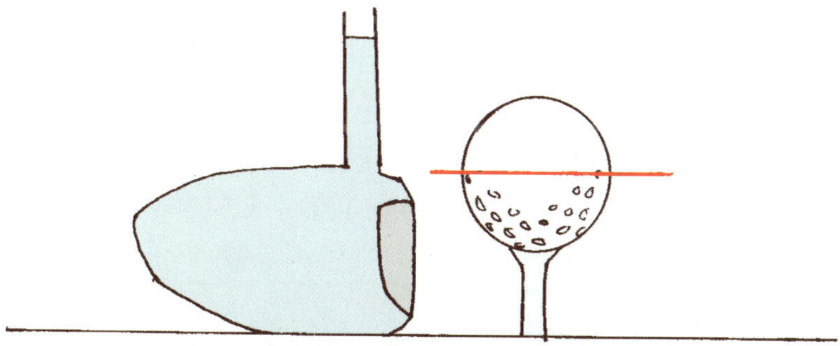

볼의 절반 정도가 클럽헤드 위로 올라오는 정도

페어웨이우드는 스윙 궤도 최하점에서 임팩트가 이루어지는데 스윙할 때 클럽헤드가 볼에 닿기 전부터 솔이 잔디 위로 미끄러지게 해 낮고 길게 쓸 듯이 스윙한다.

그로인해 클럽헤드가 임팩트 전후로 일직선으로 움직이는 구간이 늘어나 미스샷이 줄어든다.

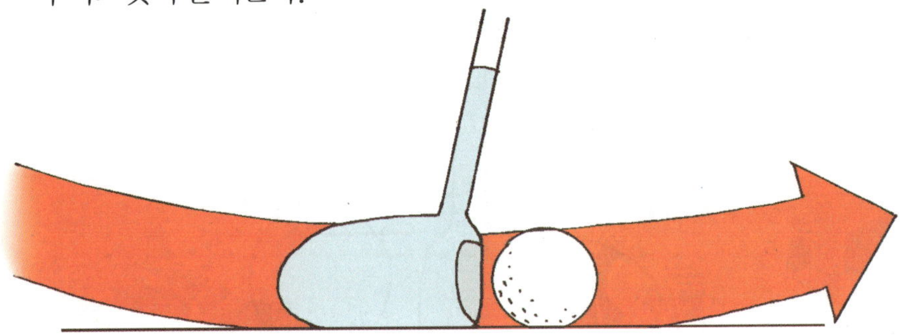

· 우드의 솔

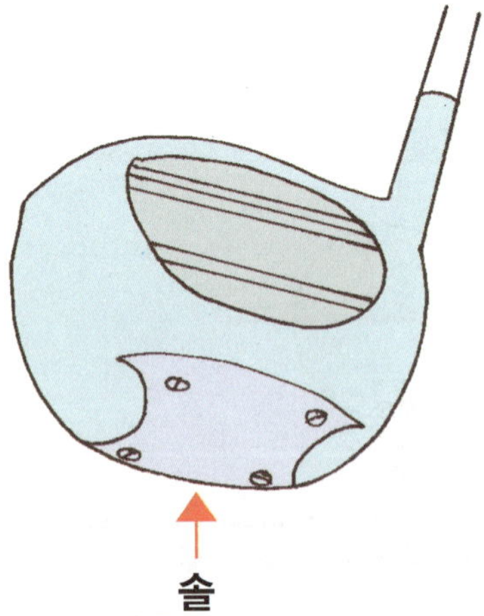

우드로 스윙시 볼을 쓸 듯이 할 수 있는 것은 클럽헤드에 솔이라는 바닥면이 아이언에 비해 넓기 때문이다.
넓은 솔로 인해 클럽헤드가 약간 뒤땅치기나 탑이 나는 실수가 있다 해도 큰 미스샷은 피할 수 있다.

페어웨이우드 잘 치는 법

우드를 잘 치려면 낮은 볼을 친다는 생각으로 스윙해야 하며 폴로스루에서도 클럽헤드를 높게 올리지 말고 낮게 한다.

그러면 오른쪽 어깨가 내려가지 않게 되어 볼을 정확히 쓸 듯이 칠 수 있다.

– 낮은 볼을 친다는 생각으로 쓸 듯이 스윙한다.

– 폴로스루에서도 클럽헤드를 올리지 말고 낮게 억제한다.

볼을 떠올리려 하면 오른쪽 어깨가 내려가 뒤땅이나 토핑이 난다.

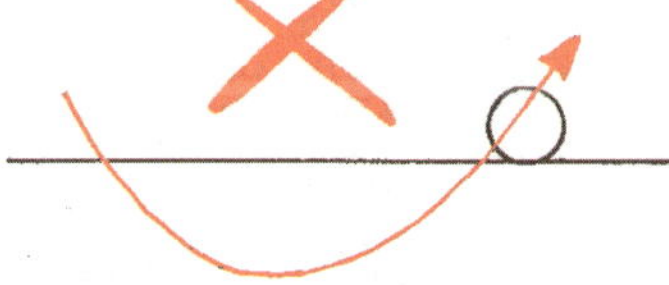

7 미들 아이언샷

티샷이 끝나고 나면 세컨샷 지점으로 이동하는데 일부 초보 골퍼들의 경우 캐디에게 바로 골프채를 건네는 걸 볼 수 있는데…
이건 바람직한 일이 아니야.
왜?
골프는 한 타씩 끊어서 하는 게임이 아니고 라운드 전체를 하나의 흐름으로 이어서 하는 게임이야.
샷이 끝났다고 즉시 캐디에게 골프채를 건넨다면 게임의 흐름이 끊어지지.
그래서?
그래서 클럽을 들고 이동하면서 스윙의 감촉도 느끼고 다음 샷도 대비하면 게임의 리듬이 유지되게 되겠지.
그래서 이렇게 왼손으로 클럽을 잡고 걸으면서 그립의 감촉이나 스윙리듬을 유지하는 거야.
아하!

그린앞 벙커가 있을 경우

미들아이언(6~8번 아이언)으로 샷을 할 경우에는 핀의 위치와 그린 주변 상황을 모두 확인해야 하는데 일반적으로 볼을 그린에 올릴 때는 그린의 가운데를 공략해 치면 된다.

하지만 핀이 좌측에 있고 그린 앞에 벙커가 있을 경우에는 반대편인 오른쪽 그린을 공략하는 것이 좋다.

그린까지의 각도가 높은 경우

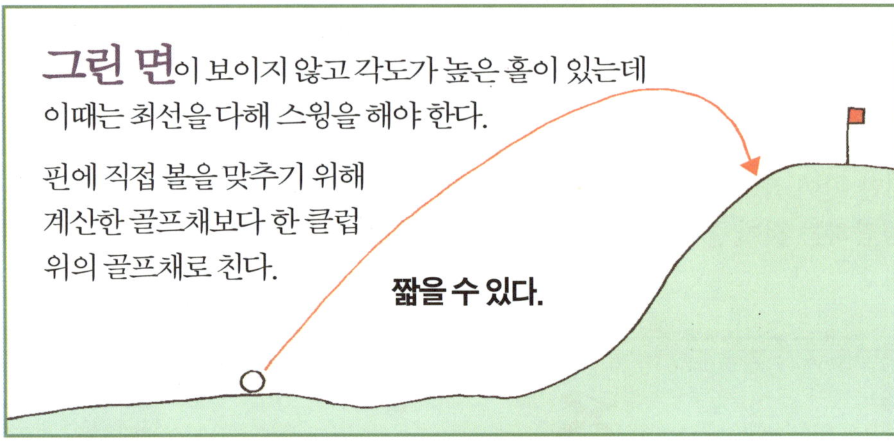

미들아이언의 어드레스

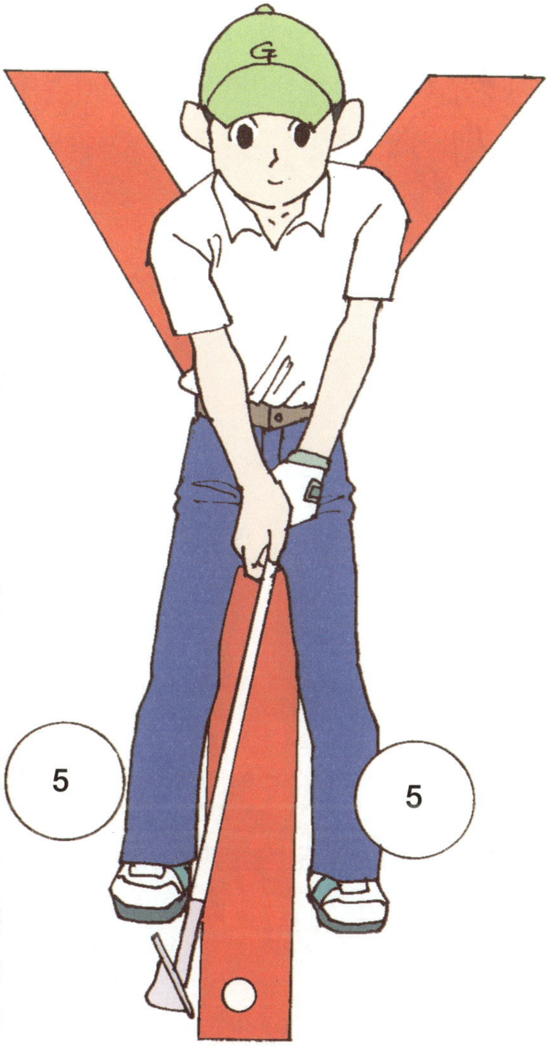

Y자형 어드레스

아이언샷은 다운블로 스윙을 해야 볼이 로프트대로 날 수 있다.

따라서 Y자형 어드레스 자세를 취하는데 체중을 두 발에 5:5로 싣고 눈은 볼을 바로 위에서 내려봐야 한다.

체중을 왼편에 많이 싣게 되면 임팩트 이후 왼쪽 사이드가 막혀 스윙이 제대로 되지 않는다.

Y자형 어드레스를 취하게 되면 볼을 위에 내려다 볼 수 있고 두 어깨는 역K자형 어드레스와 비교했을 때 평행에 가깝다.

Y자형 어드레스는 오른손이 왼손보다 낮아 오른쪽 어깨도 왼쪽 어깨보다는 조금 내려오게 되고 볼이 스탠스 중앙에 있어서 클럽샤프트는 지면에 비스듬히 내려온다.

· Y자형 어드레스의 스윙

- Y자형 어드레스는 볼을 위에서 볼 수 있어 다운블로(내리치는 스윙)로 칠 수 있다.
- 다운블로스윙은 클럽헤드가 스윙 궤도의 최하점을 지나기 전에 임팩트가 이루어지는 스윙이다.

아이언의 어드레스 순서

아이언클럽의 어드레스 순서는 드라이버샷에서의 어드레스 순서와 거의 비슷한데 볼의 뒤쪽에 선후 목표를 확인하고 공이 날아갈 선을 상상하고 나서 타킷라인과 양발의 선이 평행이 되도록 선후, 클럽페이스가 타킷라인과 직각이 되게 한다.

볼의 뒤쪽에 서서 목표를 확인하고 공이 날아갈 선을 상상한다.

페이스가 목표를 향하게 하고 왼발의 위치를 정한다.

자신의 스탠스에 맞춰 오른발의 위치를 정한다.

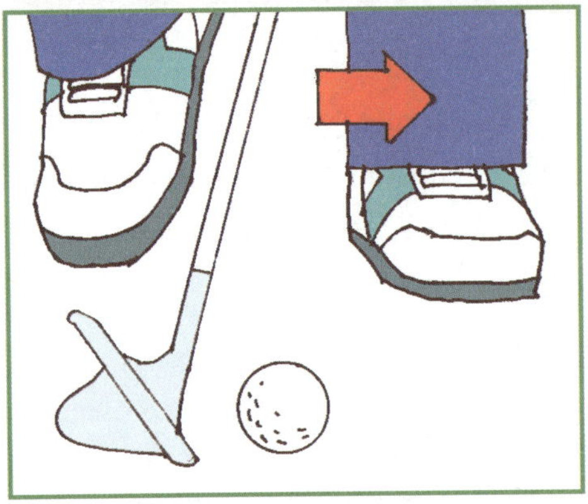

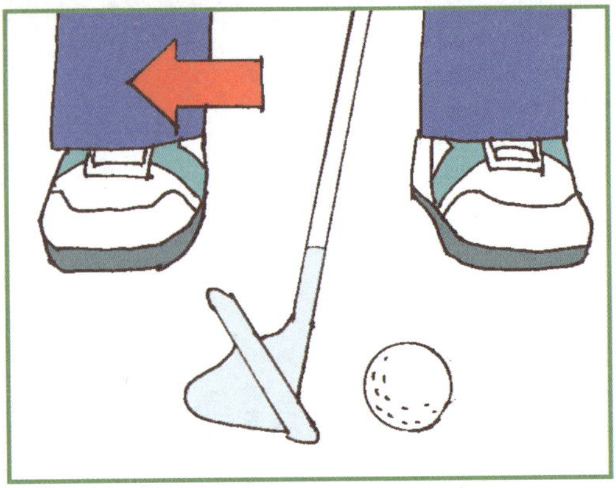

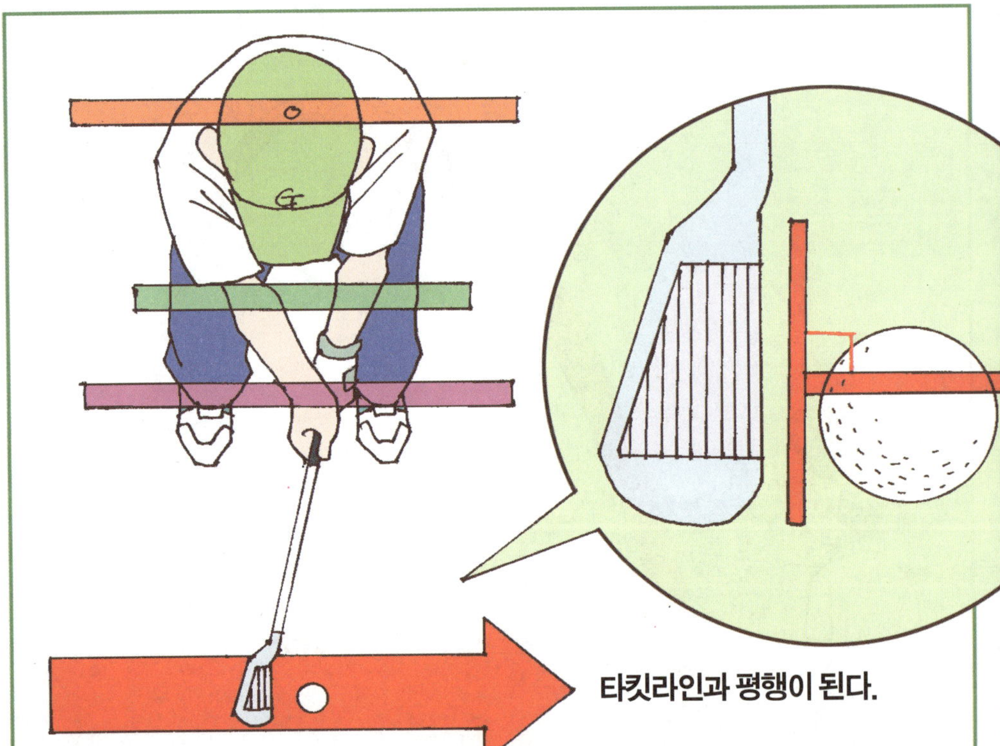

페이스가 목표를 향하게 한후 왼발의 위치를 정하고 자신의 스탠스에 맞게 오른발이 위치를 정한다.

페어웨이에서는 반드시 방향을 정하고 난 후 자세를 잡고 스윙을 해야 좋은 스윙을 할 수 있다.

아이언샷의 자세

아이언샷의 자세는 드라이버 자세일 때보다 볼이 안쪽에 온다. 그래서 그립을 한 양손이 볼보다 목표방향으로 나가게 된다.

이것을 핸드 퍼스트(Hand Fist)자세라고도 하는데 초보 골퍼들이 이 자세를 하게 되면 페이스를 덮는 느낌으로 인해 자신도 모르게 페이스를 열게 된다. 따라서 클럽페이스를 타킷라인과 직각이 되게 해야만 한다.

페이스가 열리면 볼이 목표에서 우측으로 날아가게 된다.

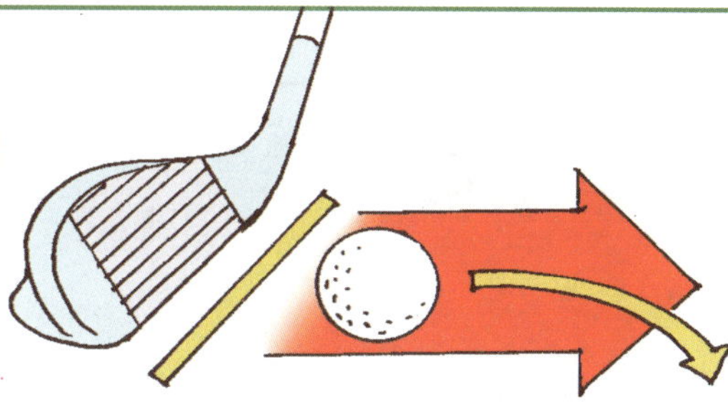

자세는 손이 클럽헤드보다 목표방향으로 나가는 핸드퍼스트 자세가 된다.

자신도 모르게 페이스를 열게 된다.

리딩에지가 타킷라인과 직각이 되어야 한다.

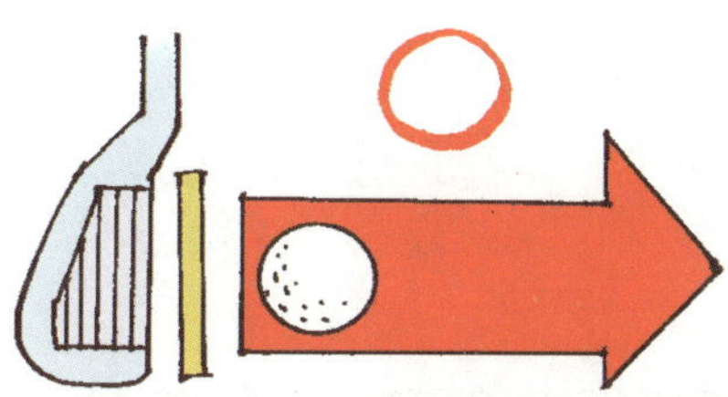

· 아이언샷의 핵심은 다운블로스윙이다.

아이언샷은 임팩트 이후 스윙 궤도의 최하점이 온다. 이 말은 클럽헤드가 아래로 내려가면서 임팩트가 이루어지게 되어 아이언샷을 다운블로샷이라고 하는것이다.

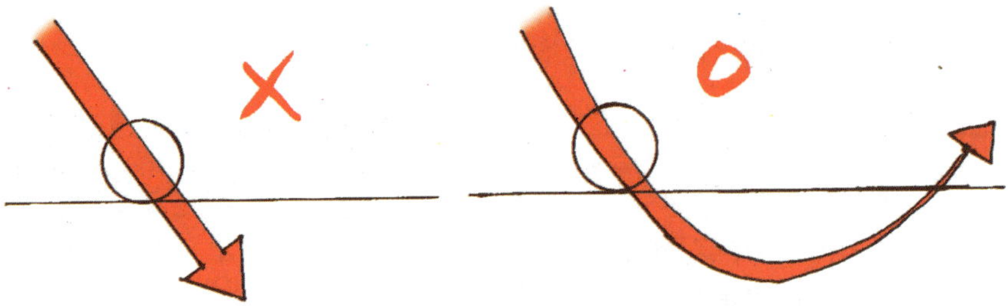

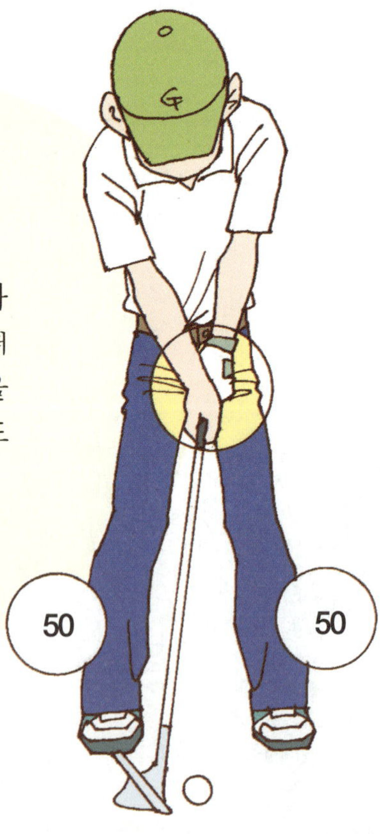

다운블로샷은 양손의 위치가 왼쪽 허벅지 앞쪽에 오는 자세(핸드 퍼스트 자세)를 한뒤 양쪽발의 균형을 50:50으로 체중을 실는 Y자형 어드레스 자세를 한다.

클럽헤드의 로프트로 볼을 날린다

초보 골퍼들 중 롱아이언이나 우드를 잡으면 힘이 들어가 더프가 발생하는 경우들이 있다. 이러한 현상은 몸에 힘을 넣어야만 볼을 멀리 날릴 수 있을 것 같은 느낌 때문인데 이것은 잘못된 생각이다.

볼을 날리는 것은 힘이 아닌 클럽헤드의 로프트 때문이란 것을 알아야 한다. 가장 좋은 위치는 클럽페이스에 있는 홈이 만든 줄(그루부)의 밑 2~3번째 부분에 볼을 맞추는 것이 좋다.

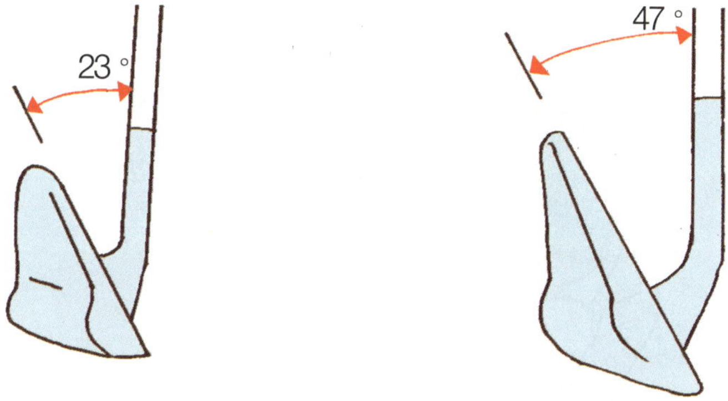

3번 아이언　　9번 아이언

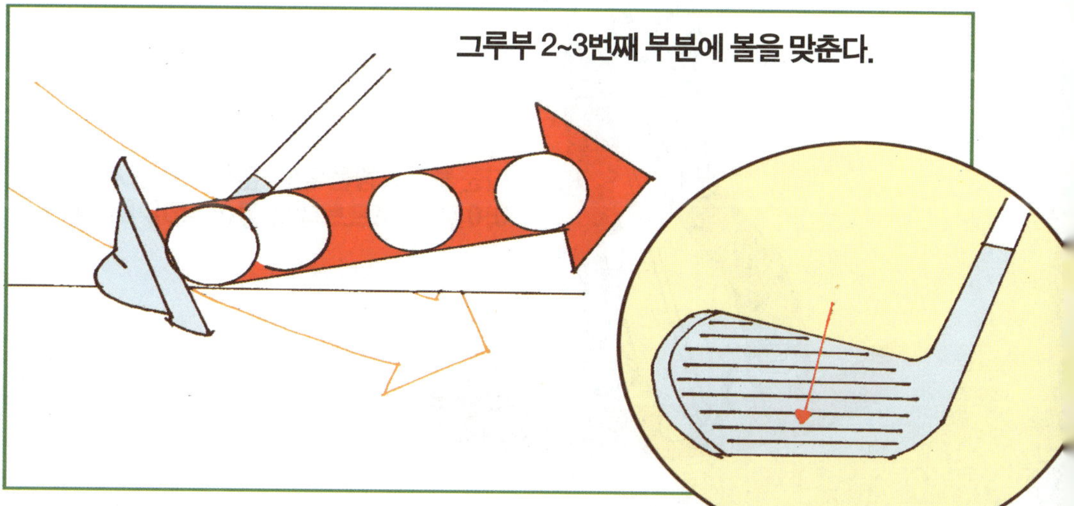

그루부 2~3번째 부분에 볼을 맞춘다.

더프가 나는 원인

아이언샷에서 더프가 나는 것은 퍼올리는 스윙 때문이다.

아이언샷에서 떠올리려는 생각이 많으면 어퍼블로스윙을 하게 되어 오른쪽 어깨가 내려오는데 그 이유로 인해 볼 앞의 지면을 때리면서 더프가 발생하는 것이다.

아이언샷에서 볼을 퍼올리는 것은 클럽헤드의 로프트로 다운블로스윙을 해야 클럽헤드의 로프트대로 볼이 맞아 떠오르는 것이다.

다운블로스윙은 Y자형 어드레스 후 핸드퍼스트 자세를 유지해야 한다.

다운블로스윙은 강한 임팩트와 동시에 아이언의 로프트대로 볼이 날아가게 된다.

아이언샷은 드라이버샷일 때와 같이 아웃-인 스윙은 슬라이스가 나게 된다. 슬라이스를 방지하려면 인-인의 스윙을 해야 한다.

슬라이스가 발생하는 가장 큰 원인은 아웃-인의 스윙 궤도와 임팩트시 클럽페이스가 열린 상태로 맞는 경우다. 따라서 다운스윙시 다리와 허리를 먼저 돌려주면서 팔이 내려오는 스윙을 하면 인-인의 스윙이 되어 슬라이스를 피할 수 있다.

· 아웃 – 인의 스윙과 슬라이스

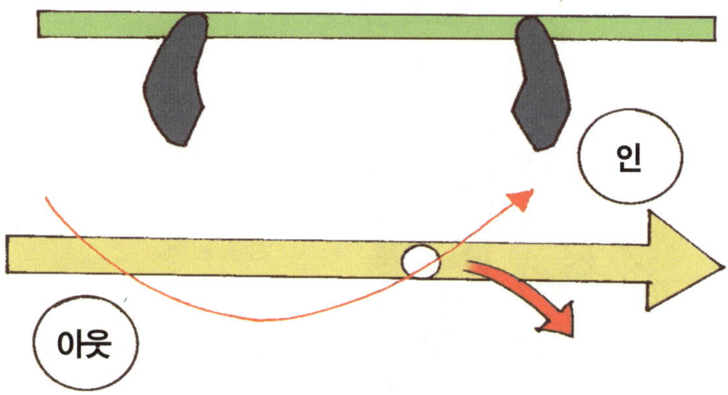

· 올바른 인–인 스윙

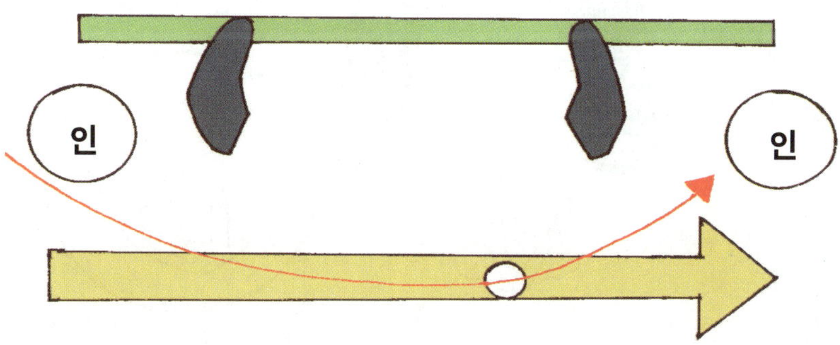

오픈페이스와 슬라이스

아이언클럽에서 슬라이스가 난다면 백스윙을 점검할 필요가 있다.

백스윙시 클럽페이스를 열어서 올리면 페이스가 위로 향해져 스윙 궤도가 낮아진다.

또 다운스윙에서도 열린 채 내려와 슬라이스가 발생하는 것이다.

백스윙시 생기는 슬라이스 예방은 양손이 아닌 양어깨로 테이크어웨이를 하면 된다.

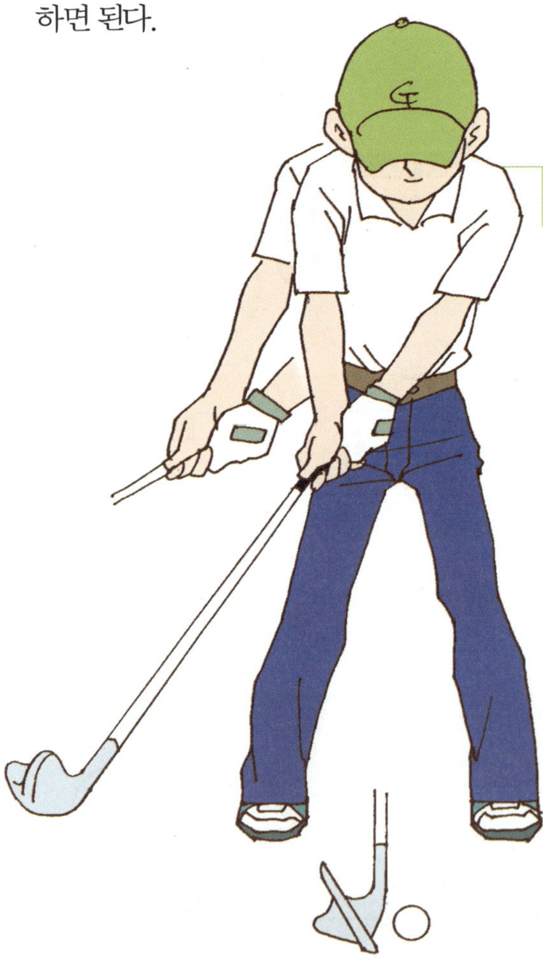

어드레스때 클럽페이스를 타킷 라인과 직각으로 맞춘 후 그 상태로 양어깨와 팔이 만드는 삼각형을 유지하고 양어깨로 백스윙을 한다.

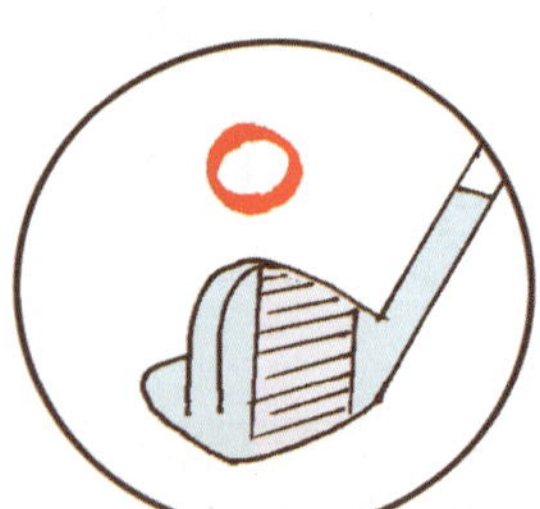

아이언샷을 할 때 훅을 방지하기 위해 오른쪽을 향해 쳤는데 훅이 발생한 골퍼들이 있다.

밀어친다고 생각했지만 실제로는 임팩트 순간 아이언클럽을 잡아당겨 훅이난 것이다.

훅이 되는 이유는 어깨와 팔만으로 스윙을 했기 때문으로 다운스윙시 손을 내리는 것보다 하체이동(다리와 허리를 먼저 돌리는 것)을 먼저 하지 않고 하체이동 전에 클럽을 쥔 팔이 먼저 내려왔기 때문이다.

이런 경우 더프나 임팩트 순간 손목이 뒤집어져 훅스핀(왼쪽으로 휘는 회전)이 걸리는 것이다.

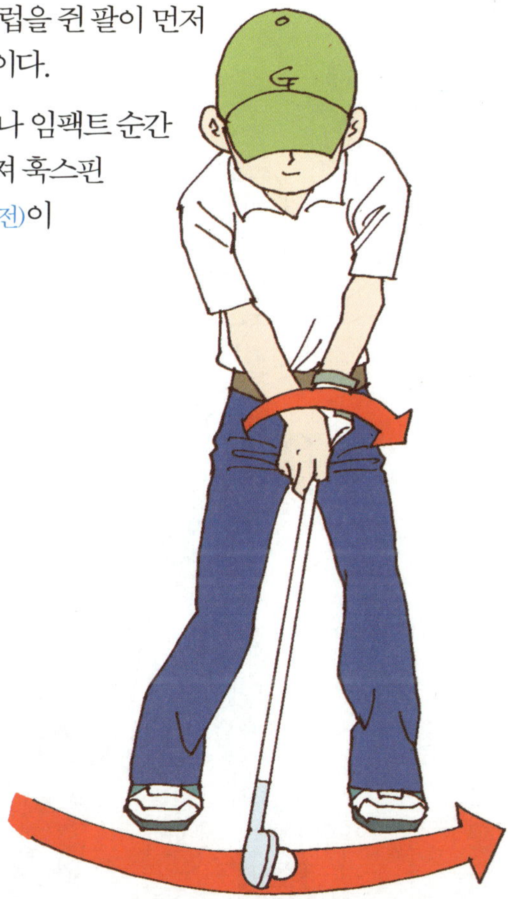

하체이동 없이 상체만으로 스윙을 하면 손목이 뒤집어진다.

훅을 예방하려면 다운스윙시 다리와 허리가 먼저 회전한 다음 손이 내려와야 한다.

톱스윙에서 다운스윙으로 갈 때의 순서는 **① 왼발로 바닥을 밟는다. ② 허리를 왼쪽으로 돌린다. ③ 클럽을 쥔 팔이 내려온다.** 이다.

이렇게 하면 볼이 왼쪽으로 휘는 훅볼이 될 것 같지만 실제로 인-인의 스윙이 되어 임팩트시 손목이 돌아가지 않아 볼은 똑바로 날아간다.

❶ 왼발로 바닥을 밟는 것과 동시에 다운스윙을 시작한다.

❷ 허리를 왼쪽으로 돌려준다.

❸ 허리를 따라 손을 내린다.

하체가 리드하는 스윙

펀치샷이란?

그린 좌우에 장애물이 있을 경우 정확한 샷을 해야 하는데 풀샷을 하게 되면 볼이 높이 솟아올라가 슬라이스나 훅이 나기 쉽고 또 바람의 영향을 받게되어 엉뚱한 방향으로 갈 수 있다. 이런 경우 컨드롤샷으로 볼을 낮게 쳐야 하는데 볼이 낮게 날아가는 샷이 펀치샷이다.

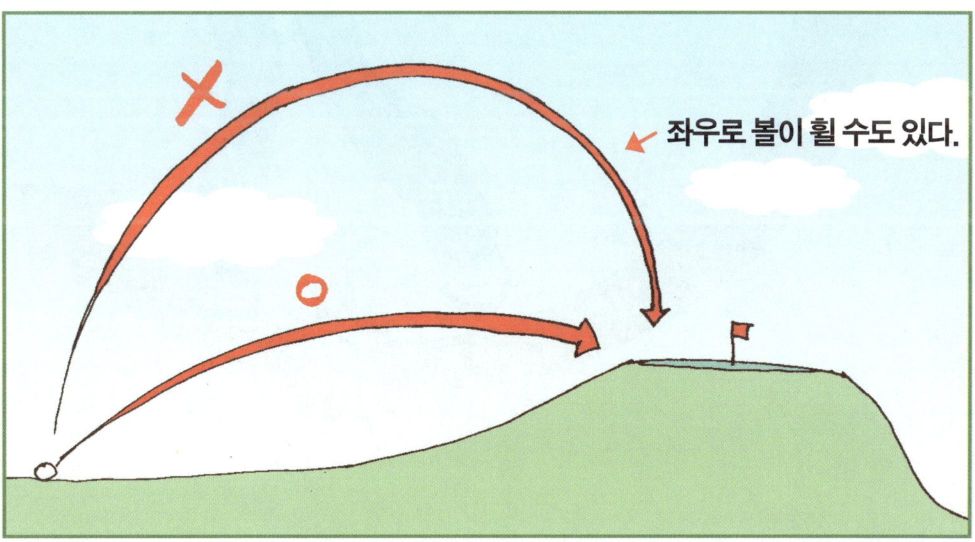

펀치샷의 포인트

펀치샷은 볼의 방향성 즉, 정확성을 중시하는데 백스윙도 크게 하지 않고 보통 백스윙의 70% 정도로 하고 폴로스루도 짧게하고 클럽헤드가 볼을 맞추는 정도의 스윙으로 한다.

폴로스루가 크게 되면 볼이 올라가 방향이 흐트러지는 경우가 있다.

펀치샷 스윙시 임팩트 이후 왼쪽팔 뻗기

백스윙이 짧게 되었다면 펀치샷은 볼을 맞추기 쉽지만 주의해야 할 점이 있다.

임팩트 이후 왼팔을 타킷방향으로 뻗어야 한다. 왼쪽 팔꿈치가 지면을 향하게 해야 손목이 뒤집어지지 않고 클럽페이스의 방향이 임팩트 순간과 동일하게 유지된다.

— 왼쪽 팔꿈치가 지면을 향하게 되면 손목이 뒤집어지지 않아 목표를 향해 피니시를 할 수 있다.

— 왼쪽팔은 뻗는다.

펀치샷은 허리로 친다

펀치샷은 스윙의 폭이 작기 때문에 단단한 하체의 힘을 이용해야 정확히 목표 지점으로 가게 된다.

다운스윙시 하체가 리드하는 스윙(왼발과 허리를 원위치 시킨 후 팔을 내리는 스윙)을 할 줄 알아야만 펀치샷을 칠 수 있다.

숏아이언 8

• 숏아이언은 핀을 직접 공략한다 •

숏아이언은 9번 아이언, 웨지(어프로치웨지, 샌드웨지, 피칭웨지)를 말하며 미들아이언(6~8번)으로 2타를 친 경우 온그린하지 못했을 때 사용하는 클럽이다.

그래서 숏아이언은 지점을 노리는 클럽이라고 할 수 있는데 그린에 올리는 것이 일차 목표라고 해도 경우에 따라 좀더 적극적으로 핀을 공략할 때도 사용한다.

• 핀을 직접 공략한다 •

숏아이언샷은 스윙의 템포다

숏아이언에서 가장 중요한 것은 거리와 방향으로 거리와 방향을 정확히 하려면 스윙의 템포가 무엇보다 중요하다.

느린 템포로 스윙을 해도 느린 스윙으로 생기는 실수는 거의 없지만 스윙이 빠르면 거리감을 헤드에 전하기 어렵고 또 헤드가 제대로 볼을 잡지 못해 방향도 바뀌게 된다. 서두르지 않고 천천히 하는 스윙이 좋은 스윙이다.

특히나 너무 빠른
스윙은 조심해야 해.

너무 빨리 치면 거리감을 헤드에 전
달하기 어렵고 헤드가 볼을 제대로
잡지 못해 방향이 바뀔 수 있다.

천천히 들어올린 후
다시 천천히 내려친다.
거리가 가까울 때 붙이기
위한 스윙. 천천히 들어올
리고 천천히 내려친다.

숏아이언의 어드레스

숏아이언 어드레스의 볼의 위치는 스탠스 중앙에서 오른쪽으로 가까워지는데 숏아이언처럼 클럽의 길이가 짧아질수록 스탠스가 어깨넓이보다 좁아지고 볼은 스탠스 중앙에서 오른발쪽으로 가까워진다. 양손은 항상 왼쪽 허벅지 안쪽 앞이다.

볼의 위치

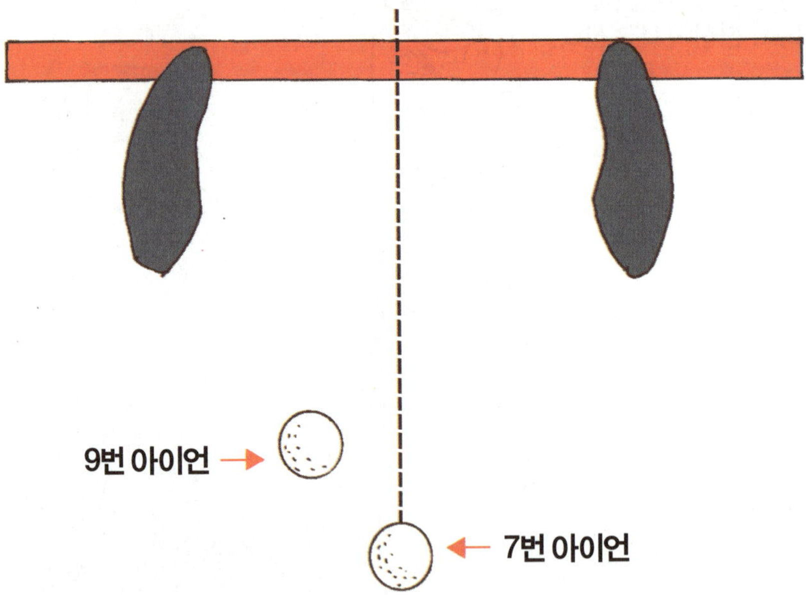

9번 아이언은 7번 아이언보다 클럽의 길이가 짧다. 따라서 스탠스는 좁게 벌린다.

숏아이언의 어드레스 자세

왼팔과 클럽을
일직선으로 한다.

숏아이언은 클럽의 길이가 짧다. 따라서 볼과 가깝게 자세를 취해야 하고 양팔을 다른 클럽과 마찬가지로 자연스럽게 늘어뜨린다.

볼은 오른발 가까이에 위치하기 때문에 어드레스 때 왼팔과 클럽은 일직선이 되게 만든다.

숏아이언의 백스윙과 피니시

어드레스에서의 손목의 각도를 유지한 채 3/4백스윙을 하고 피니시 역시 백스윙과 같이 3/4 정도 억제하면서 볼을 운반한다는 느낌으로 스윙한다.

숏아이언샷의 백스윙

어깨는 90도 회전시킨다.
백스윙시 톱의 높이는 평소보다 3/4높이로 낮게 한다.

핀까지의 거리가 가까운데 가볍게 친 공이 핀을 오버할 때가 있다. 이런 경우에는 백스윙의 크기에 원인이 있다.

원인은 백스윙이 커 임팩트 때 힘이 강하게 들어갔기 때문이다. 퍼팅 때와 마찬가지로 어프로치샷은 백스윙의 크기로 거리를 맞추어야 안정된 스윙을 할 수 있다. 백스윙 크기와 피니시 크기는 같다.

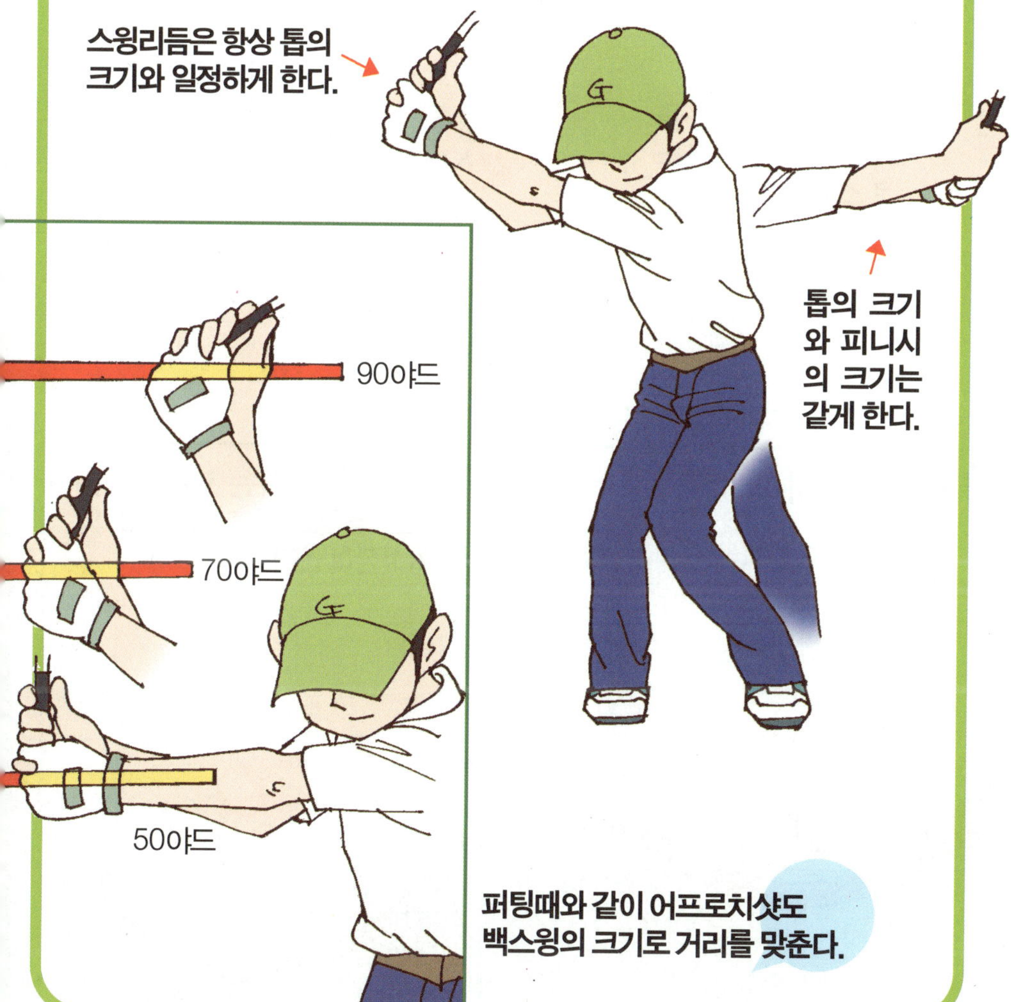

숏아이언샷도 다운블로스윙이어야 한다

숏아이언샷도 다운블로스윙이어야 하는데 초보 골퍼들이 연습장에서 뒤땅을 치는 경우가 많다.

숏아이언샷은 미들아이언과 마찬가지로 임팩트 직후 스윙 궤도의 최하점이 오는 다운블로스윙을 해야 한다.

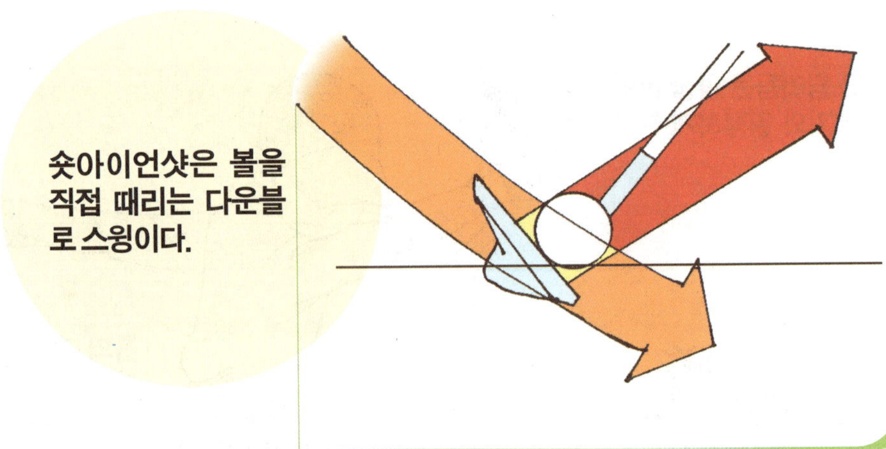

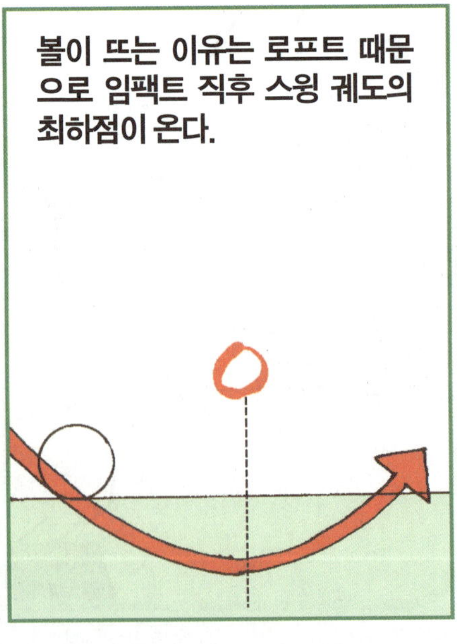

왼발 내리막 라이 (다운힐라이)의 어드레스

왼발 내리막 경사면은 스탠스를 안정시키는 어드레스가 중요하다.

체중을 왼발에 두고 양쪽 어깨선을 경사면과 평행으로 한다. 왼발 내리막은 평지보다 클럽의 로프트가 선다.

7번 아이언의 로프트가 5~6번 아이언의 로프트가 될 수 있어 볼이 낮게 날고 런도 많이 난다.

이런 경우 평소보다 한 단계 작은 클럽을 선택해 그린을 노린다.

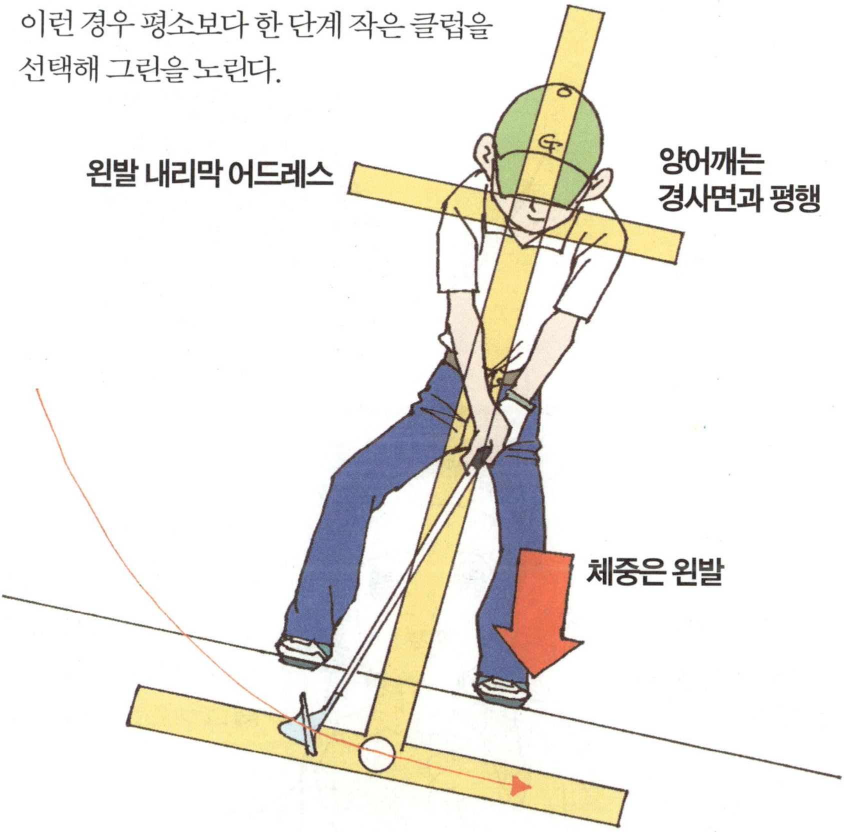

왼발 내리막에서의 타법

왼발 내리막의 경사면에서 볼을 띄우는 것은 쉬운 일이 아니다.

클럽의 로프트가 서는 것과 위에서 아래로 흐르는 스윙 궤도 때문인데 왼발 내리막에서는 백스윙 때 무릎의 높이를 유지하는 것이 중요하다.

오른발을 고정하고 상체만으로 회전하면서 클럽을 업라이트하게 올려야 하는데 비거리 욕심을 버리고 평소 스윙보다적은힘(3/4백스윙)으로 스윙해야 한다.

왼발 오르막 라이(업힐라이)의 어드레스

왼발 오르막 경사면 또한 하반신을 고정시키고 어드레스를 해야 하고 스윙시에도 다리(무릎)를 고정시킨 채 스윙을 하고 체중을 오른발에 싣고 양어깨면을 경사면과 평행으로 맞춰준다.

스윙시 체중이동 없이 상체(팔)만으로 하고 풀샷이 아닌 3/4스윙을 한다. 훅이 나기 쉬운 관계로 7번 아이언으로 맞는 거리라면 로프트가 한 단계 작은 6번 아이언으로 스윙한다.

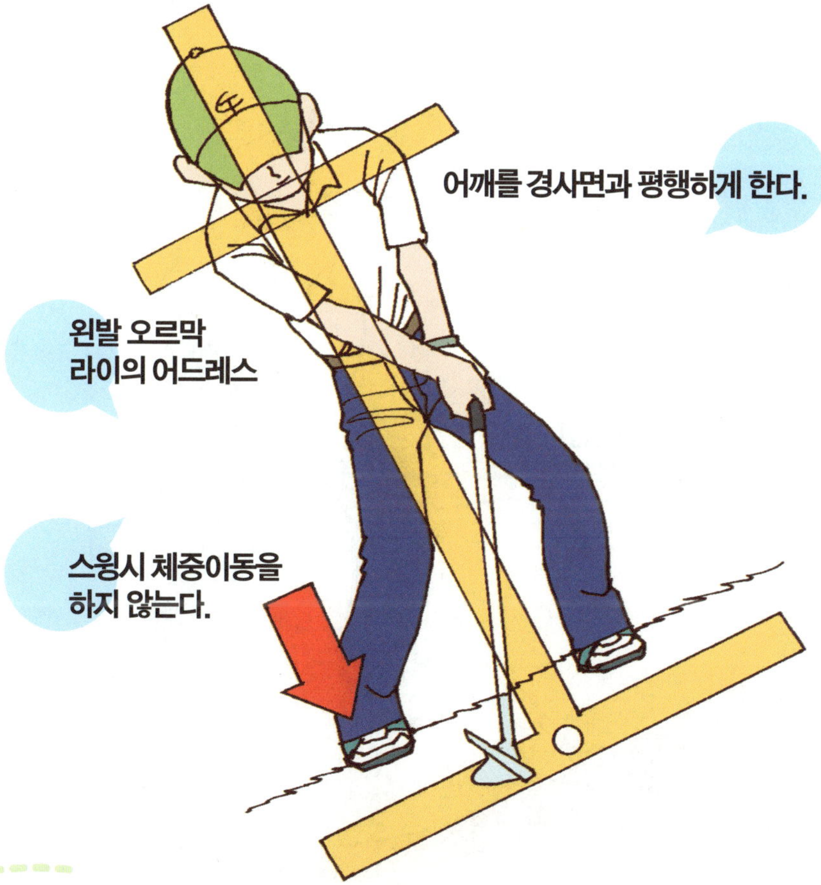

발끝이 내려가는 경사면에서는 무릎의 높이를 바꾸지 않는다.

발끝이 내려가는 경사면에서의 볼은 낮게 위치해 있다. 스윙시 무릎이 펴지면 볼의 윗부분을 때려 톱이 날 수 있다.

따라서 스윙할 때 두 무릎의 높이를 구부리고 어드레스 한 뒤 스윙이 끝날 때까지 머리를 고정하고 무릎 높이를 바꾸지 않아야 한다.

체중은 뒤꿈치에 두고 엉덩이를 내리며 무릎을 구부린 채 평상시보다 앞으로 조금 더 숙인다.

클럽은 길게 잡아 하체를 고정시키고 스윙을 한다.

발끝이 내려가는 라이와 타법
팔만으로 3/4스윙을 한다.

발끝이 올라가는 경사면

발끝이 올라가는 경사면은 볼이 평지보다 높이 올라와 있어서 평소처럼 스윙을 하게 되면 하체가 움직여 볼을 정확히 볼 수가 없다.

그로인해 더프나 톱이 날 경우가 많다.

이런 경우 스윙할 때 하체와 머리를 고정하고 상체만으로 스윙을 해야 한다.

어드레스시 체중을 발끝에 모으고 평상시보다 그립을 짧게 잡은후 업라이트로 자세를 잡고 하체를 고정시킨 후 3/4스윙을 하면 된다.

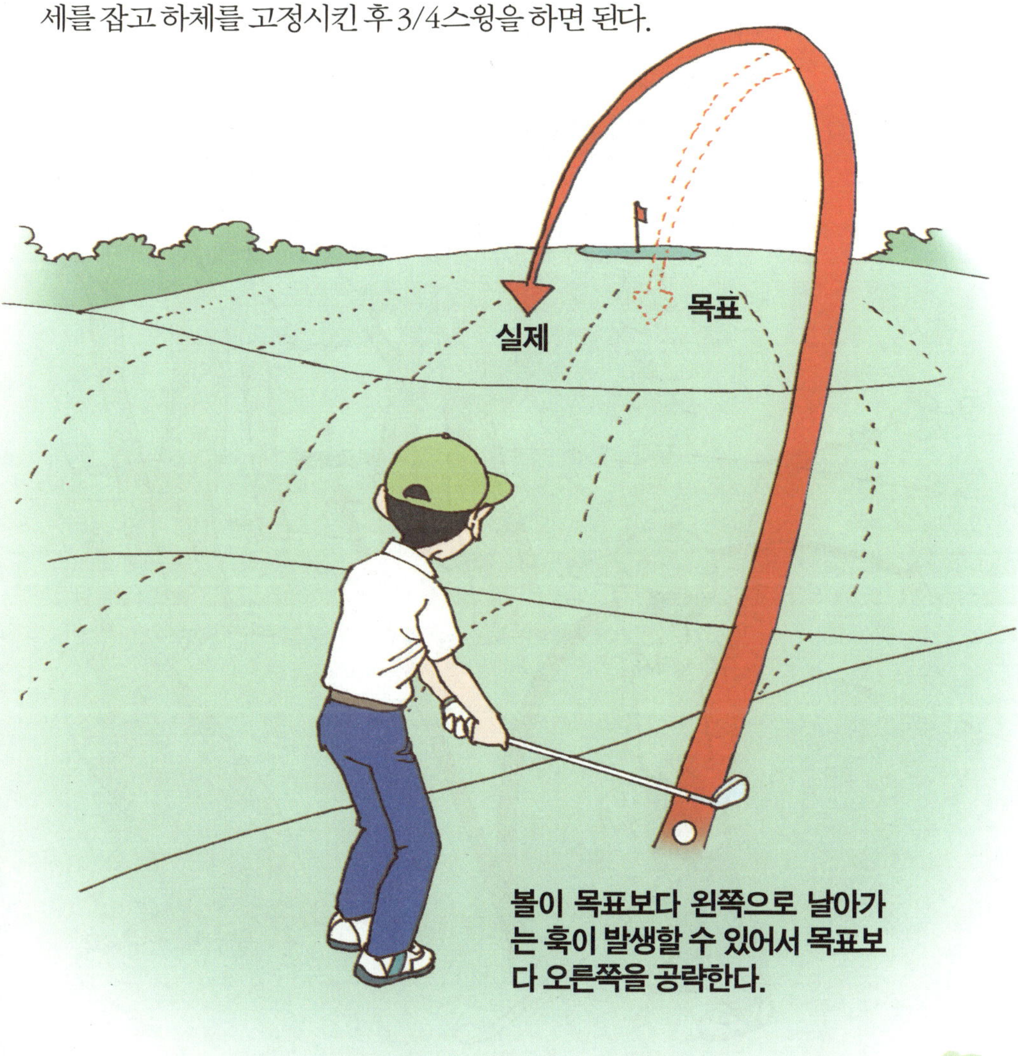

숲속에서는 안전하게 탈출하는 것이 우선이다

숲속에 볼이 들어가면 두 가지 방법이 있다.

첫 번째는 나무 사이의 좁은 틈을 직접 공략하는 슈퍼샷이 있고 두 번째는 그린까지 거리가 있더라도 제3타를 치기 쉬운 페어웨이를 공략하는 안전한 샷이 있다.

숲속에서는 낮은 볼을 쳐서 탈출한다

볼이 숲속에 들어갔을 때는 골프채를 짧게 잡고 오픈스탠스를 취한 뒤 볼을 오른발 쪽에 두고 어드레스를 취한다.

이 자세 그대로 볼을 향해 헤드클럽을 위에서 내려쳐 낮은 볼로 숲속을 탈출한다.

클럽은 6~8번 아이언으로 하고
오픈스탠스로 선다.

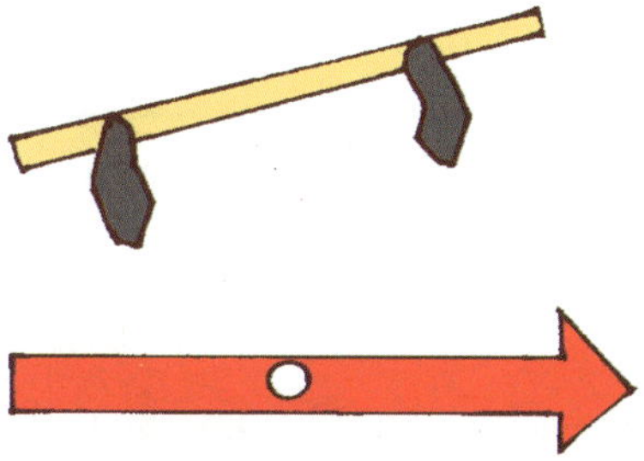

볼은
오른발 쪽에
둔다.

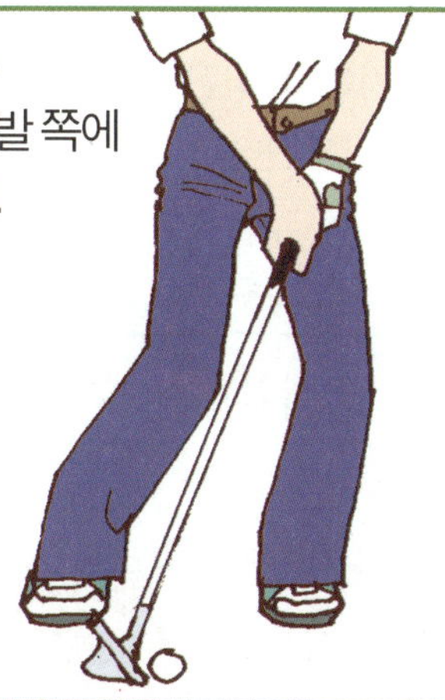

클럽페이스가 세워지면서
로프트가 작아진다.

위에서 볼을 향해
클럽헤드를
내려친다.

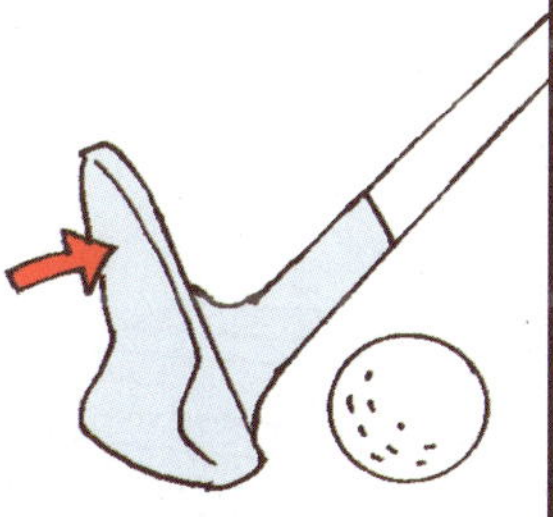

플로스루는 잡지 않는다. 폴로스루를 잡으면 볼이 올라가거나 더프가 발생된다.

러프에서 탈출하는 법

러프에 볼이 빠져 있을 때는 보통 때의 스윙으로 친다면 클럽페이스와 볼 사이의 거친 잔디가 클럽헤드의 스피드를 죽여서 안 된다.

깊은 러프에서는 헤드를 위에서 강하게 내려쳐야만 탈출할 수 있는데 위에서 내려치는 스윙은 클럽헤드의 리딩에지가 볼의 중간을 가격하도록 클럽을 예각으로 넣으면 된다.

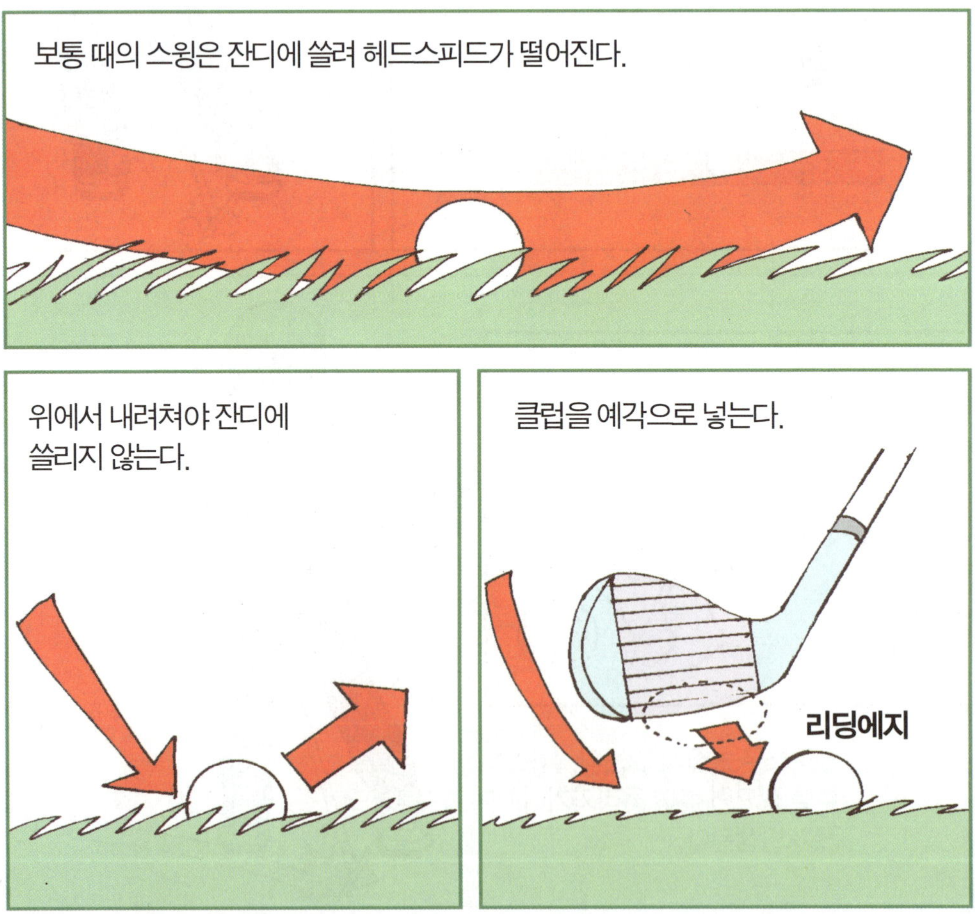

볼이 떠 있는 경우 : 어떤 클럽이나 가능

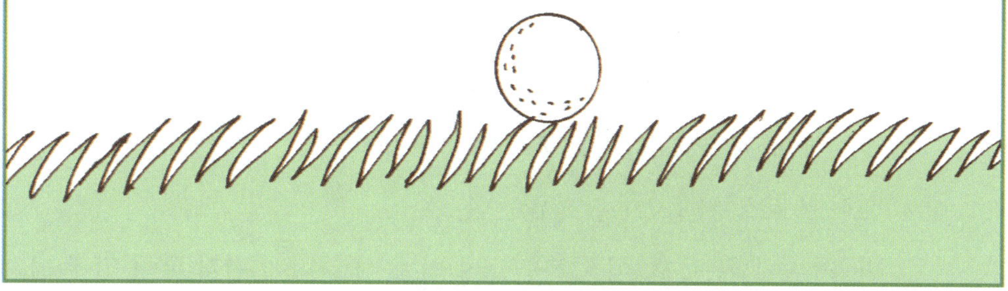

볼이 반정도 빠진 경우 : 7~9번

볼이 푹 빠져 있는 경우 : 피칭웨지나 샌드웨지만 가능

볼이 잔디 위에 어떤 상태인가에 따라 클럽과 스윙 방법이 다른데 볼이 떠 있을 경우 어느 클럽이나 가능하지만 볼이 반 정도 빠져 있다면 7번 아이언보다 긴 클럽은 피하는 것이 좋다.

또 볼이 러프에 푹 빠져 있을 경우 피칭웨지나 샌드웨지만 가능하다.

위에서 내려치는 스윙은 재빠르게 코크를 해서 골프채를 업라이트로 올린 후 스윙궤도가 V자가 되도록 내려치면 된다.

또한 폴로스루는 크게 잡지 않는다.

단, 러프에서는 그립이 약하면 클럽의 솔이 잔디에 튕겨 톱이 될 우려가 있으므로 평소보다 그립을 더 단단히 잡아야 한다.

디봇에서 탈출하는 법

디봇이란 아이언샷에 의해 파헤쳐진 잔디를 말한다.

디봇이란 아이언샷에 의해 파헤쳐진 잔디를 말하는데,
이런 경우는 벙커샷과 비슷하다고 생각하면 돼요.

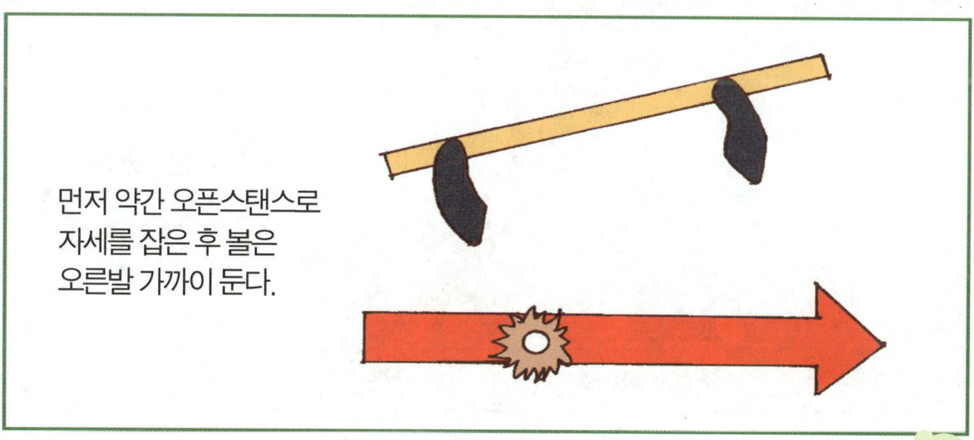
먼저 약간 오픈스탠스로 자세를 잡은 후 볼은 오른발 가까이 둔다.

이 자세는 로프트가 작아지고
클럽페이스가 세워진다.

백스윙은 빠르게 코크를 한 후 비구선을 따라 올린다.

**다운스윙은
위에서 내려치는
V자 스윙이다.**

어프로치샷의 종류

그린까지의 거리가 100야드(91m)이내인 지점에서 핀을 향해 치는 샷이 어프로치샷이다.

치는 방법은 남은 거리에 따라 크게 러닝어프로치(Running Approach), 피치앤드런(Pitch&Run), 피치샷(Pitch Shot)이 있다.

러닝어프로치는 그린에지에서 핀까지 볼을 굴려 보내는 샷이고 칩샷이라고도 한다. 피치앤드런은 볼을 쳐올려 70%는 띄우고 30%는 굴리는 샷이다.

피치샷은 핀 앞에 벙커가 있을 때 또는 거리가 긴 경우 위로 띄운 뒤 지면에 닿는 즉시 멈추도록 치는 샷이다.

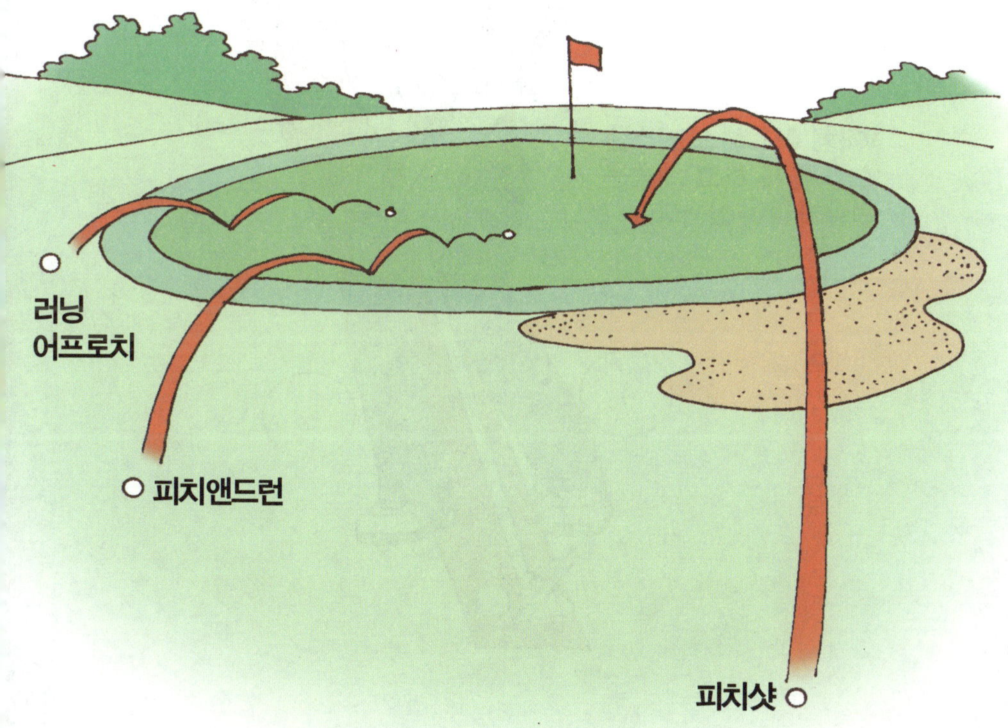

짧은 어프로치샷의 y자형 어드레스

어프로치샷은 비거리가 필요없어 큰 자세를 잡을 필요가 없다. 따라서 스탠스도 좁게 하고 몸도 곧게해서자세를 잡는다.

어드레스는 y자형 어드레스로 스탠스는 좁게 하고 체중을 왼발에 6:4로 싣고 눈은 볼을 바로 위에서 내려다 본다.

스윙을 할 때는 하체를 움직이지 말고 어깨와 팔만으로 하면서 볼을 위에서 내려친다.

y자형 어드레스는 스탠스를 좁게 하고 체중은 왼발에 많이 싣는다.

러닝어프로치는 그린에지에서 핀까지 볼을 굴려 보내는 샷이다.

그린까지 거리가 짧고 러프가 없는 라이에서 치는데 클럽을 짧게 쥐고 왼팔과 샤프트가 일직선이 되게 한 후 스탠스를 좁게 하는 오픈스탠스를 취한다.

볼의 위치는 스탠스의 중심에 두고 양발은 타깃라인과 15도 정도 오픈하고 클럽페이스는 스퀘어로 한 채 손목을 사용하지 않고 양어깨의 회전으로만 스윙한다.

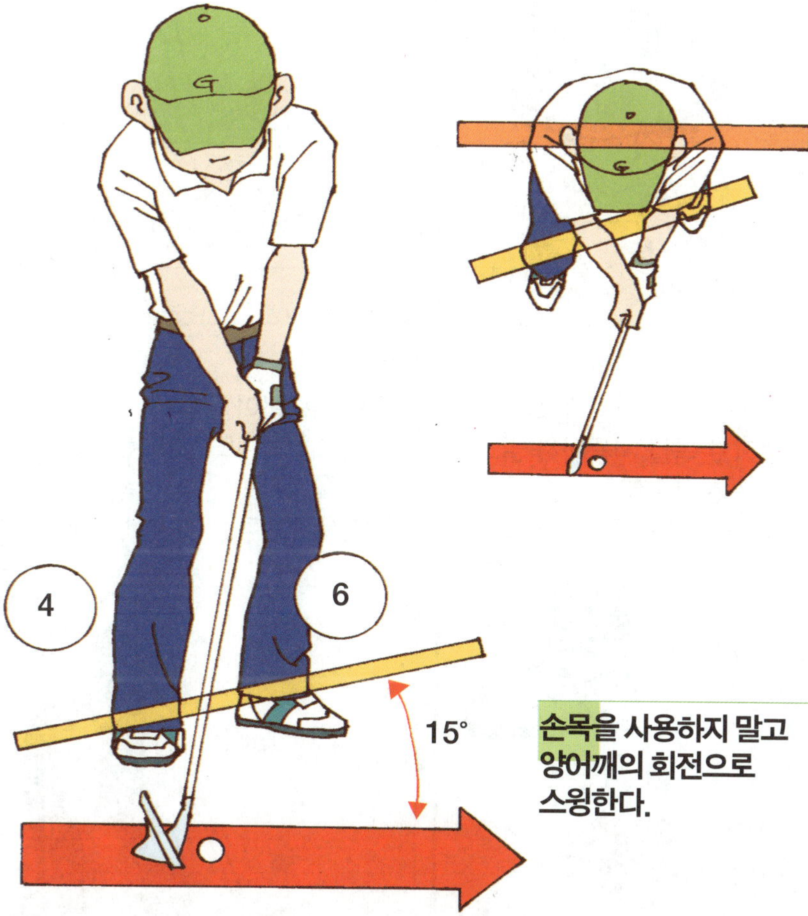

손목을 사용하지 말고 양어깨의 회전으로 스윙한다.

그린에지나 잔디가 짧은 곳에서는 6번이나 7번 아이언 등 로프트가 크지 않는 아이언으로 굴리듯 스윙을 하는데 볼에 백스핀(역회전)이 걸리면 그린에서 굴러가는 거리가 일정하게 되지 않는다.

이런 경우는 퍼팅에서와 마찬가지로 헤드를 낮게 들어 빗자루로 쓸 듯 쳐야 한다.

피치앤드런은 가장 많이 사용되는 어프로치 샷으로 볼을 쳐올려 그린 위로 떨어뜨려 핀까지 굴러가게 하는 샷이다. 피치앤드런은 볼과 그린 사이에 잔디가 있다거나 그린 위까지 경사가 져 있을 경우 사용한다.

왼팔과 샤프트가 일직선이 되게 한 후 스탠스를 좁게 하면서 오픈스탠스를 취한다. 볼의 위치는 스탠스 중앙이고 양발과 몸은 15도 정도 오픈한다. 이때 상체는 타킷라인과 평행이다.

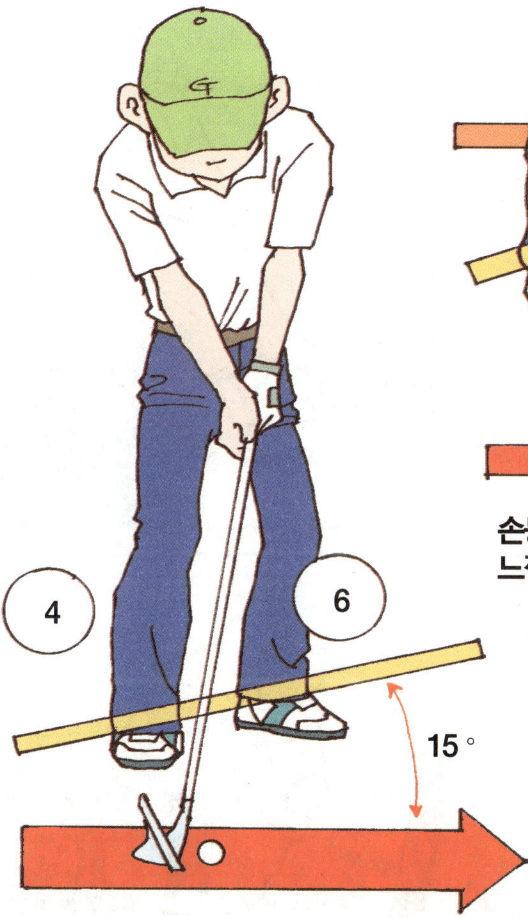

손등과 함께 쳐낸다는 느낌으로 친다.

클럽페이스는 스퀘어로 하며 9번 아이언이나 피칭웨지는 로프트가 커 볼을 쉽게 띄울 수 있다.

피치앤드런의 어드레스는 체중은 왼발에 두고 스탠스를 좁게 한 후 선다. 백스윙시 손목을 별로 사용하지 않는데 손목을 너무 쓰면 백스핀이 걸려 굴러가는 볼의 거리가 일정치 않을 수 있다.

손목을 의식하지 말고 양어깨의 회전으로 클럽을 들어 올린다. 다운스윙은 손등과 함께 쳐낸다는 느낌으로 친다.

손목을 의식하지 말고 양어깨의 회전으로 클럽을 들어올린다.

다운스윙시 손등과 함께 쳐낸다는 느낌으로 치며 퍼팅과 마찬가지로 피치앤드런은 백스윙의 크기로 거리를 맞추어야 안정되게 스윙할 수 있다.

피치샷

피치샷은 볼을 위로 띄운 후 지면에 닿는 것과 동시에 멈추도록 하는 샷이다. 러닝어프로치나 피치앤드런에 비해 남은 거리가 길거나 그린 앞에 벙커가 있을 경우 사용한다.

피칭웨지나 샌드웨지를 사용해 백스핀으로 공을 멈추게 하는 것으로 풀스윙이 가능한 거리에서는 어렵지 않다. 피치샷을 치려면 왼팔과 샤프트가 일직선이 되게 한 후 스탠스를 좁게 해서 오픈스탠스를 취한다. 체중은 왼발에 두고 볼의 위치는 중앙에서 오른발 쪽에 위치하고 양발은 타킷라인과 15도 오픈한다.

클럽페이스는 스퀘어로 하고 거리조절은 스윙의 폭으로 조정한다.

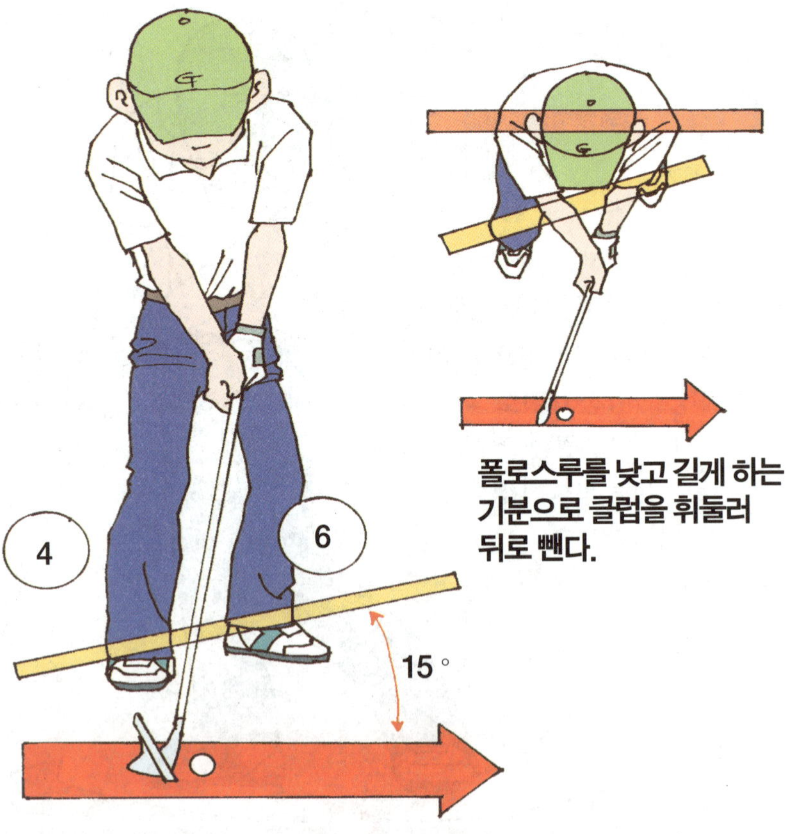

벙커샷(Bunker Shot)

벙커샷이란 벙커 안에서 볼을 치는 샷이다.

벙커는 코스 안에 만들어진 모래웅덩이로 그린벙커와 크로스벙커가 있다.

그린벙커는 그린 주변에 있는 벙커로 벙커샷은 볼 바로 앞의 그라운드(모래)를 쳐서(익스플로죤샷) 모래의 폭발력으로 볼을 밖으로 밀어내는 것을 말한다.

크로스벙커는 페어웨이 중간에 만들어진 벙커다.

· **그린벙커의 샷** _ 볼 앞의 지점에 클럽을 쳐 그 폭발력으로 볼을 쳐 올린다.

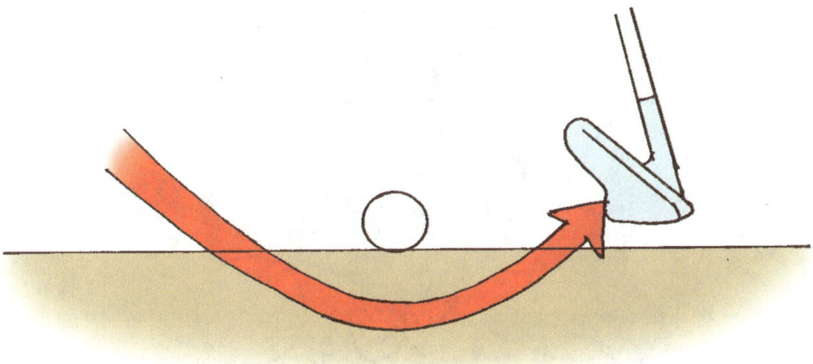

· **크로스벙커의 샷** _ 직접 볼을 친다.

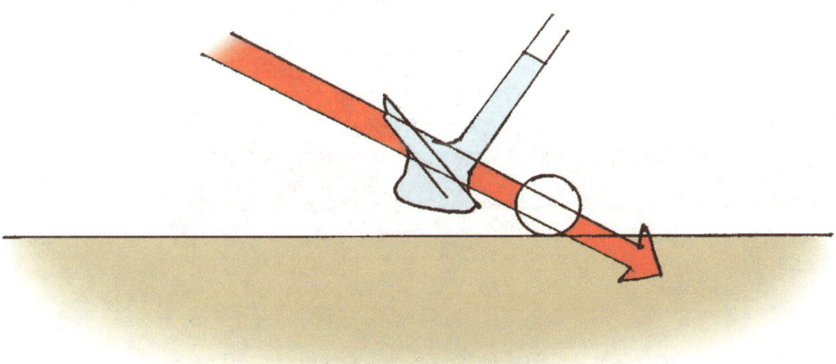

벙커샷의 어드레스

벙커샷의 어드레스는 스탠스를 넓게 하고 오픈으로 선다.

양어깨는 타킷라인과 평행이 유지되게 하고 백스윙은 오픈스탠스에 맞게 아웃-인의 궤도가 된다.

다운스윙도 백스윙과 같이 오픈스탠스를 이용한 아웃-인의 커트타법을 사용한다.

그린벙커에서의 샷일 경우 모래를 옮긴다는 생각으로 스윙한다.

벙커샷은 볼 앞 2~3cm 지점의 모래를 때려 클럽헤드가 볼 밑을 뚫고 나가게 한다.

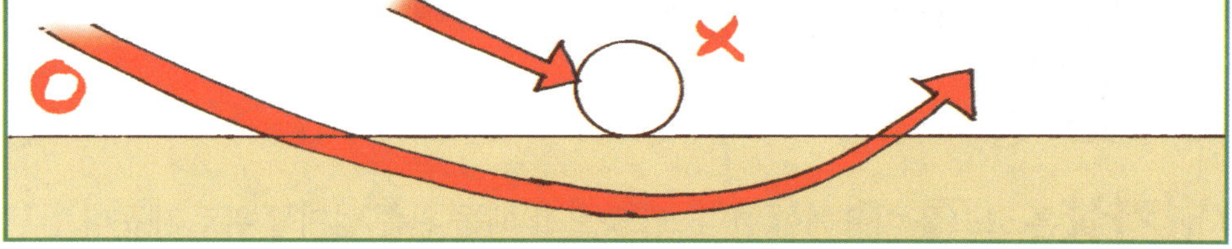

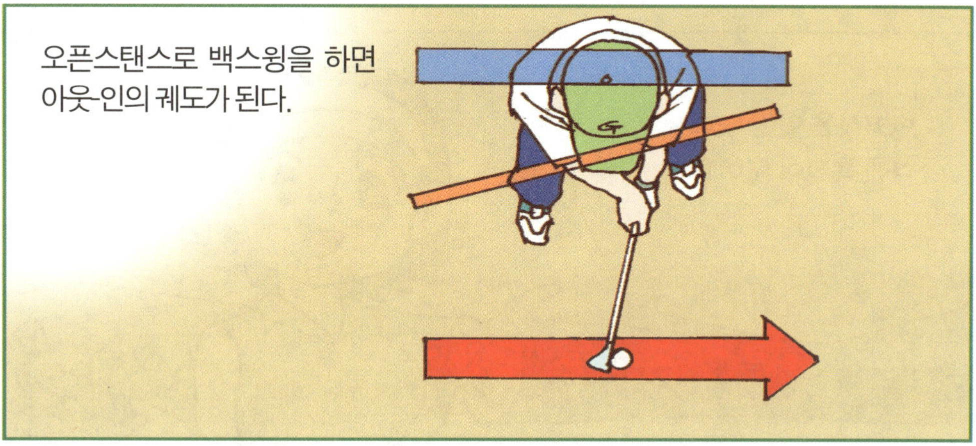

오픈스탠스로 백스윙을 하면
아웃-인의 궤도가 된다.

다운스윙 궤도는 백스윙과
같이 아웃-인으로 내려친다.

벙커샷의 코크

벙커샷은 코크를 이용해야 한다. 코크를 할 때는 왼손 엄지를 위로 세운다.

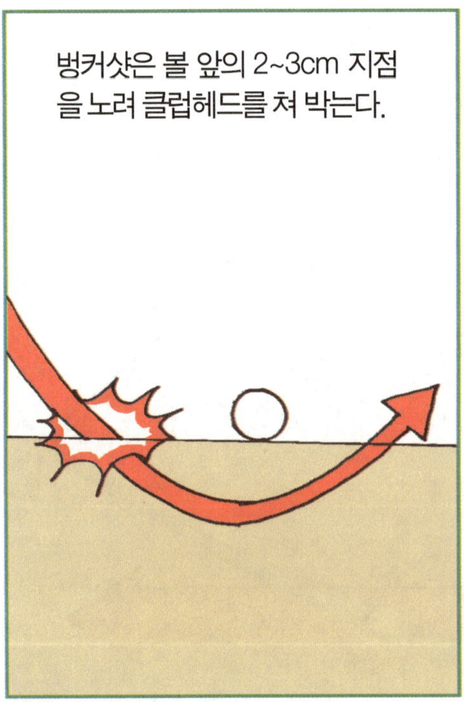

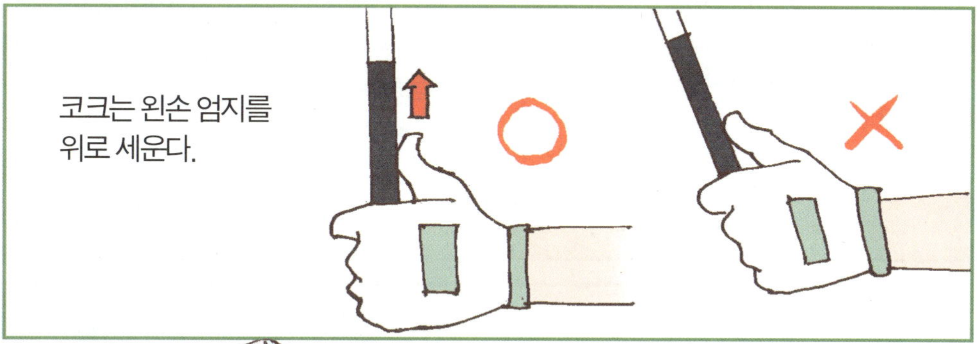
코크는 왼손 엄지를
위로 세운다.

코크를 세우면 목표볼 앞 2~3cm에
헤드를 처박기 수월하다.

프라이드 에그(Fried Egg)

프라이드 에그란 벙커에 들어간 볼이 모래에 파묻혀 가장 어려운 샷이다.

목표에 오픈스탠스를 취한 후 볼을 두 발의 중앙에 오도록 한다.

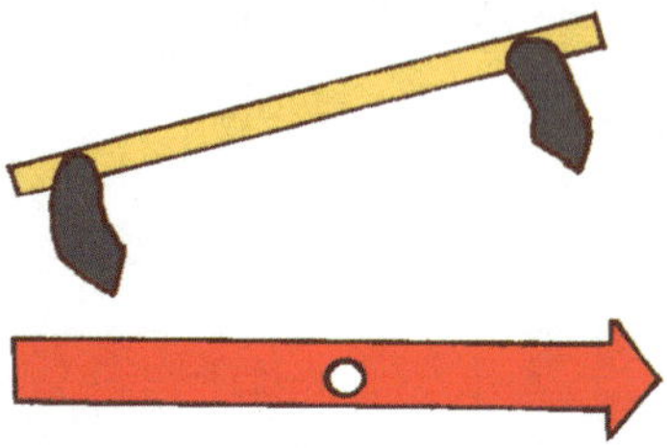

양발은 확실하게 모래 속에 둔다.

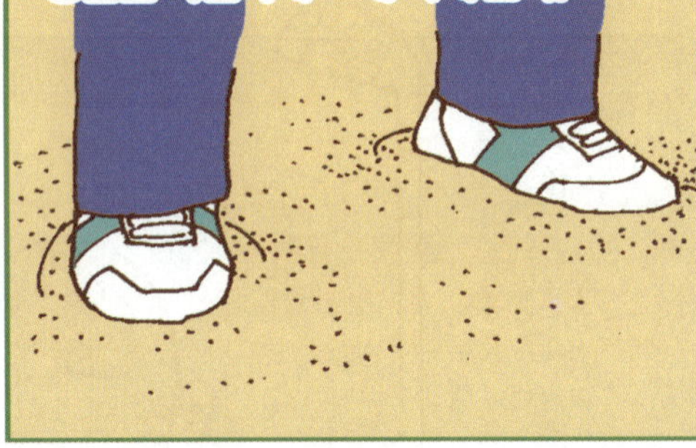

보통의 경우 2~3cm 앞이라면 프라이드 에그는 5~6cm 정도 앞에 클럽 헤드를 처박는다.

모래의 폭발력을 이용해 볼을 쳐내는 것으로 폴로스루없이 모래 속 깊이 헤드를 처박는다.

60야드 벙커샷(크로스 벙커샷) 스윙

60야드 벙커샷은 오픈스탠스에서 볼을 오른발 끝에 두고 피칭웨지로 친다.

백스윙 때 양어깨와 팔이 삼각형을 유지한 채 양어깨만으로 코크 없이 클럽을 들어올리고 다운스윙 때에도 삼각형을 유지한 채 오직 클린히트만을 목표로 한다.

폴로스루를 의식하지 말고 볼을 치고 스윙 이후 볼에 런이 발생할 수 있으니 미리 런을 계산해 둬야 한다.

일반 그린벙커와 다르게 볼을 클린히트시킨다.

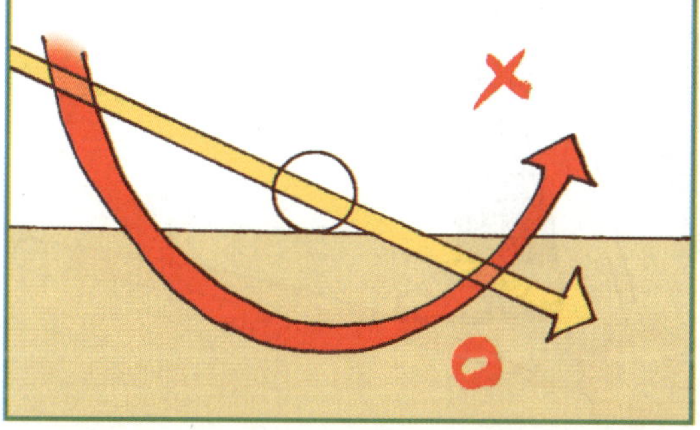

오픈스탠스로 볼을 오른발 끝에 둔다.

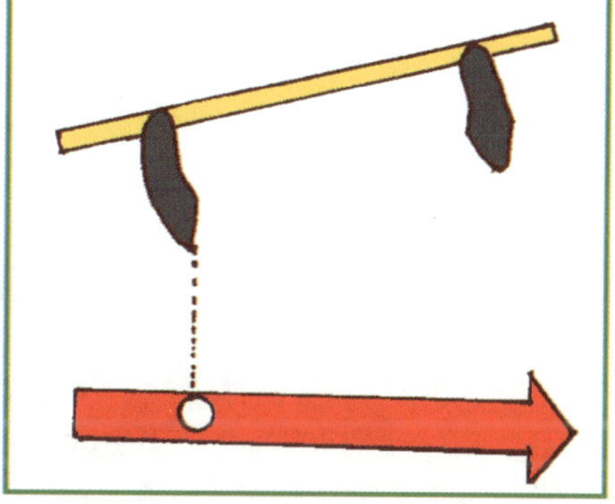

손은 왼쪽 허벅지 안쪽 앞이고 피칭웨지의 원래 로프트보다 작다.

60야드 벙커샷 스윙

- 코크 없이 어드레스 때 만든 삼각형을 유지하면서 양어깨로 백스윙한다.
- 다운스윙시 삼각형을 유지시킨다.
- 폴로스루는 의식하지 않고 볼을 친다.(런이 발생될 수 있으니 미리 런을 계산해 둔다.)

퍼팅라인과 경사도

퍼팅(putting)은 그린 위에 놓인 볼을 홀컵에 넣기 위해 굴려 치는 것으로 스코어와 직결되는 중요한 플레이이다.

적은 타수로 홀아웃하기 위해서는 퍼팅할 때의 방향과 거리, 퍼팅라인의 경사도를 볼 줄 알아야 한다.

퍼팅라인은 4가지의 경사라인이 있는데 오르막라인은 홀컵이 볼보다 높고, 내리막라인은 홀컵이 낮다.

또 슬라이스라인은 퍼팅볼이 오른쪽으로 흐르는 것이고 훅라인은 왼쪽으로 흐르는 것이다.

■ **퍼팅라인의 4가지 경사도**

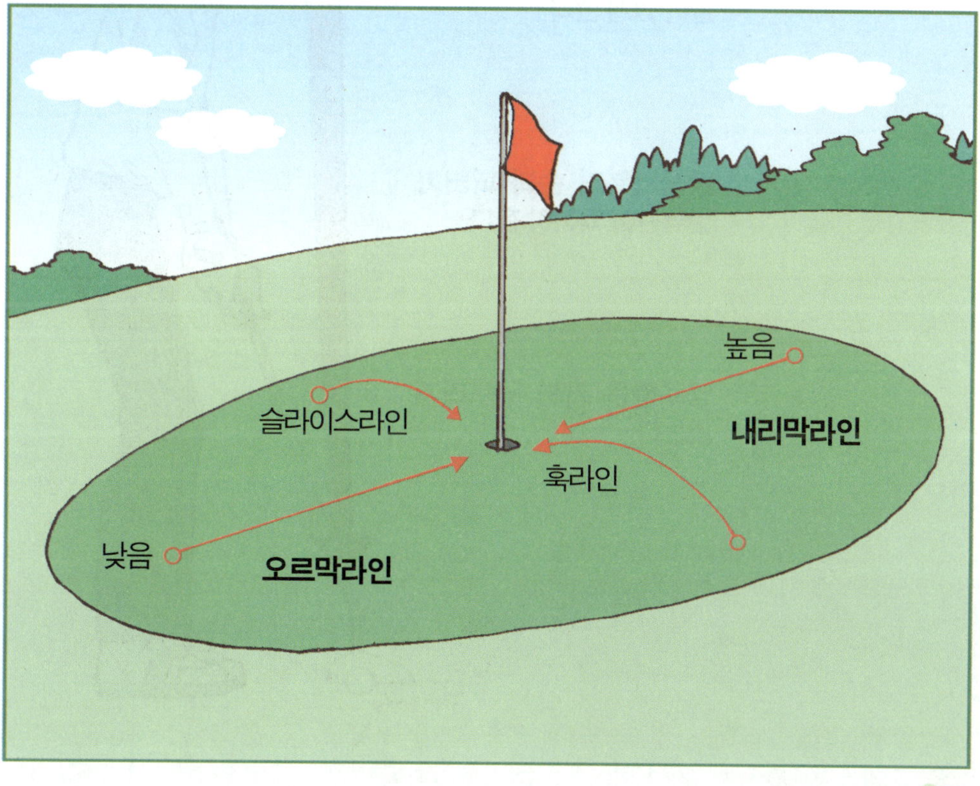

퍼팅의 기본

퍼팅은 크게 롱퍼트(Long putt)와 숏퍼트(Shot putt) 두 가지가 있는데 롱퍼팅은 홀컵까지의 거리가 10m 이상 되는 긴 퍼팅이고 숏퍼팅은 거리가 1m 정도 되는 짧은 퍼팅이다.

롱퍼팅과 숏퍼팅시 중요한 것은 자세로 스탠스에서 양발라인이 퍼팅라인과 평행이어야 하고 왼쪽 눈은 볼 위를 수직으로 바라보아야 한다.

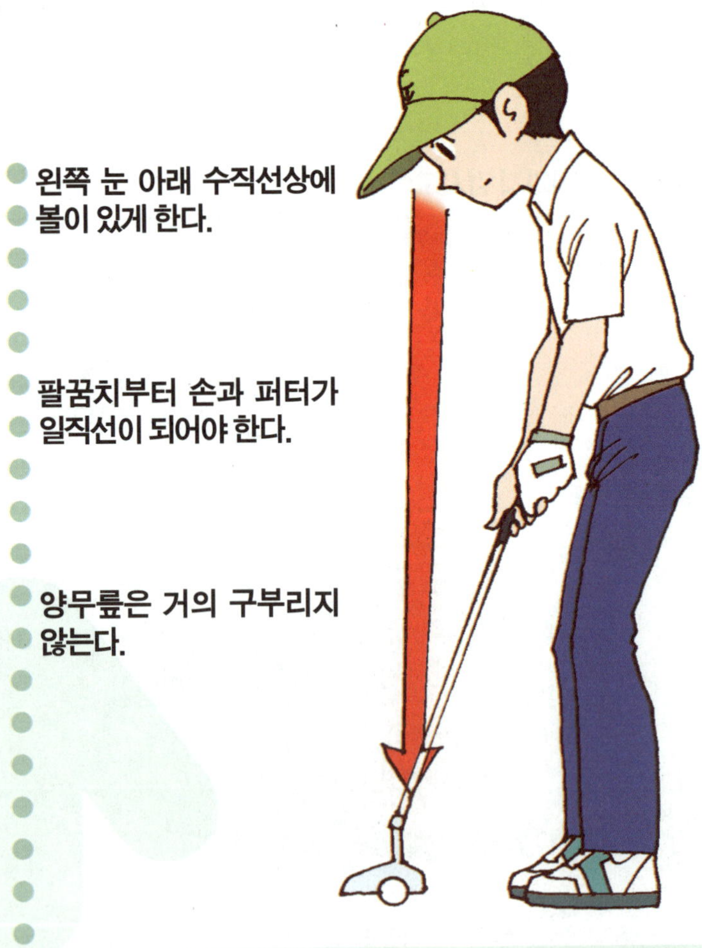

왼쪽 눈과 볼이 일직선이 되게 하는 것과 함께 양어깨와 양팔의 모양이 5각형을 이루어야 한다.

5각형 각도는 퍼팅에 있어서 안정된 스트로크(Stroke)를 가능하게 해주는 중요한 요소이다.

퍼팅시 이 5각형 구도가 무너지게 되면 볼이 제대로 홀컵으로 가지 않는다.

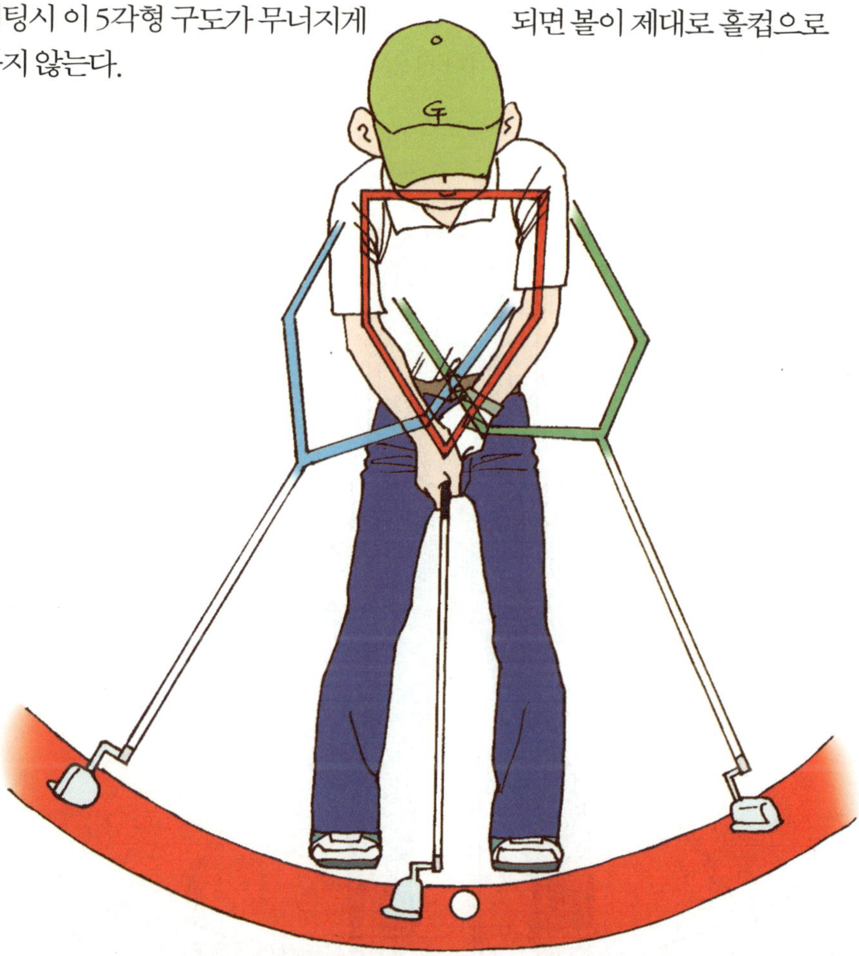

양어깨와 양팔의 그립이 5각형을 이루어야 한다.

롱퍼트의 거리

롱퍼트에서 거리를 맞추려면 퍼터의 중심과 볼의 중심을 정확히 맞추어야 한다.

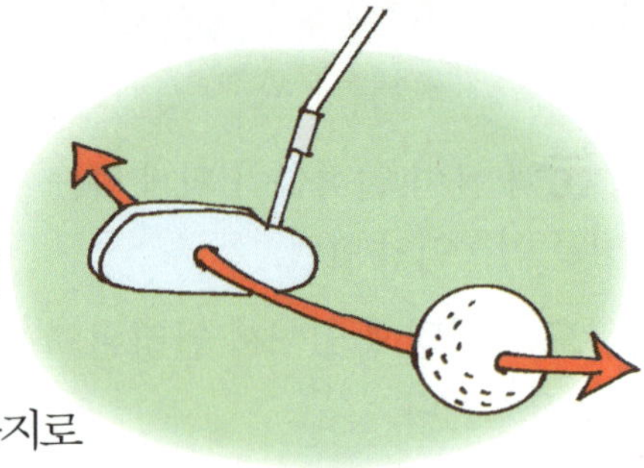

정확한 퍼팅은 일반 스윙과 마찬가지로 원호(시계추)를 그리면서 양손그립은 양어깨와 지면을 잇는 수직선의 범위를 벗어나지 않게 해야 한다.

• 양손의 그립범위

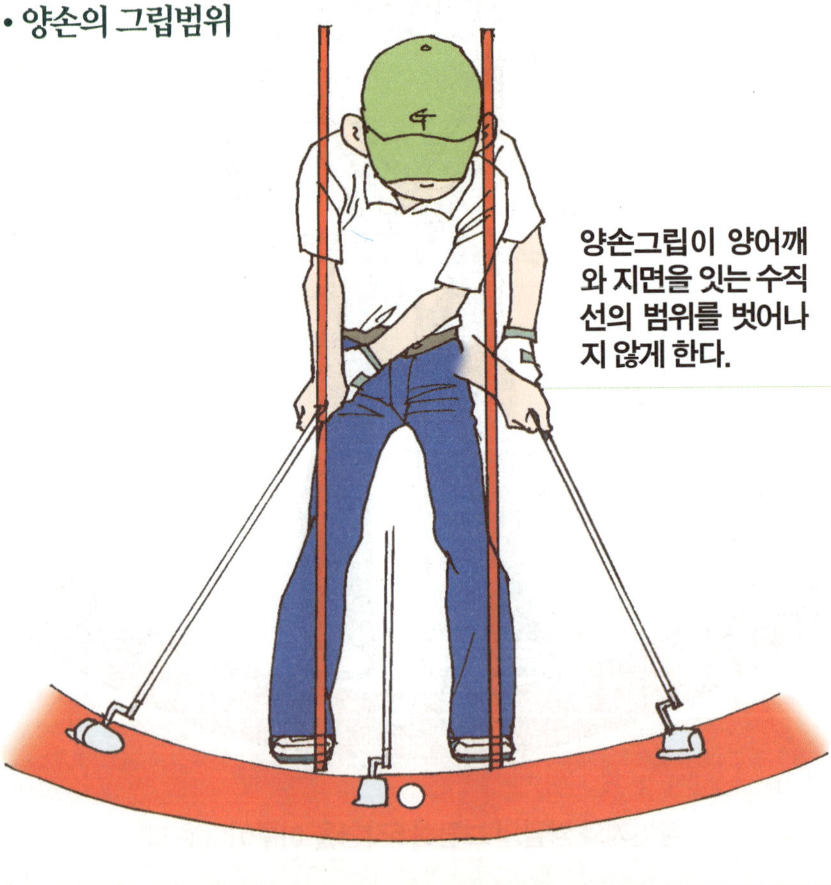

롱퍼트의 자세

롱퍼트는 거리감이 중요하다.

가능하면 몸을 세우고 시야를 넓게 만들어야 하는데 볼을 목표에 밀듯 퍼터를 밀어 내면서 팔로우를 길게 잡으면 거리를 맞추기 수월하다.

경사면의 롱퍼트

오르막 경사의 롱퍼트는 가상라인을 염두에 두고 실제 퍼팅라인을 가상라인보다 안쪽으로 친다.

그 이유는 오르막이어서 볼을 강하게 쳐야 볼이 똑바로 가다가 컵 근처에서 휘어져 들어가기 때문이다.

또 내리막 경사의 롱퍼트는 가상라인보다 바깥쪽으로 친다. 그 이유는 볼이 천천히 구르다가 마지막 단계에서 구부러져 홀컵에 들어가기 때문이다.

■ 오르막라인

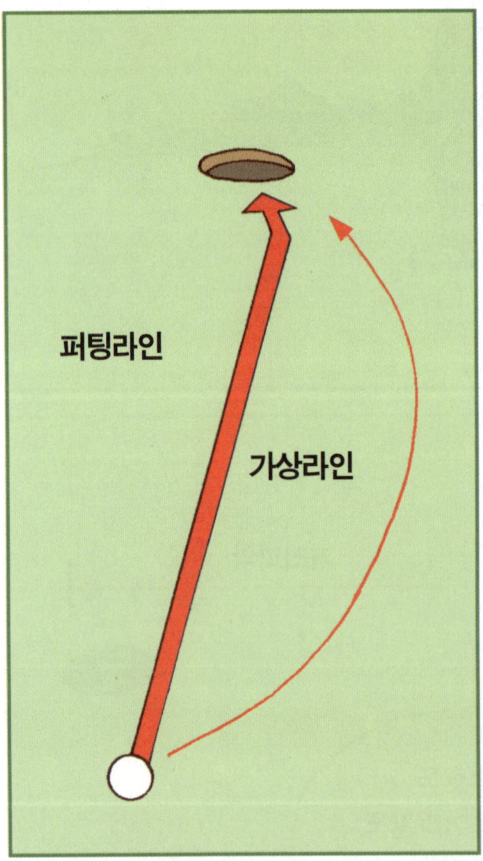

■ 내리막라인

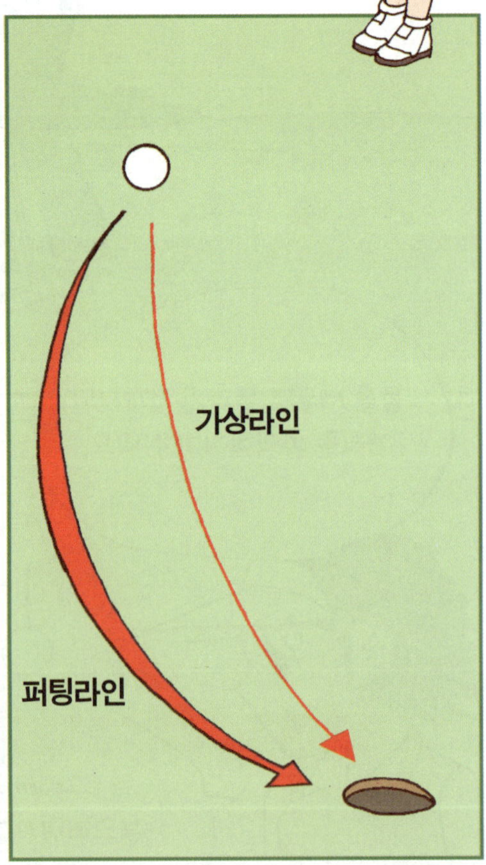

숏퍼트시 머리를 고정한다

숏퍼트에서의 폴로스루

숏퍼트시 폴로스루가 크면 왼쪽팔이 떠 클럽페이스의 방향이 바뀔 수 있다.

숏퍼트시 폴로스루는 왼쪽 겨드랑이를 조인 후 왼쪽 팔꿈치를 지탱점으로 고정하고 오른손으로 밀어내듯 친다.

• 숏퍼트시 큰 폴로스루 금지 •

숏퍼트시 폴로스루가 클 경우 페이스의 방향이 바뀐다.

• 폴로스루 짧게 하는법 •

왼쪽 겨드랑이를 조인 후 왼쪽 팔꿈치를 축으로 고정한다.

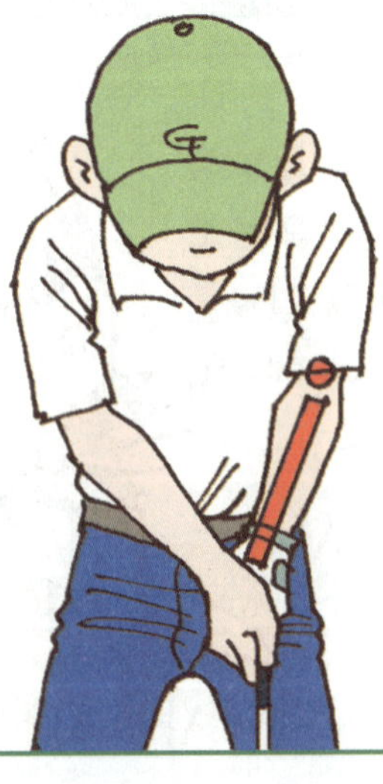

9번홀

스코어 익히기

1 스코어카드 용어

그런데
이 스코어카드는
어떻게 기입하는 거니?
훗!
온통 영어다.
기입하는 방법보다
먼저 스코어 카드용어를
알아야지.
용어의 의미를 모르면
기입도 불가능하잖아.
그…그런가?

Date　　年　月

인코스

HOLE	HCP	BACK TEE (YDS)	REGUL TEE (YDS)	PAR	자신의 이름 기입			참가 동반자 기입
1								
2								
3								
4								
5								
6								
7								
8								
9								
IN								
TOTAL								
HANDICAP								
NET SCORE								

· HOLE : 홀의 번호
· HCP : 홀의 난이도순
· BACK TEE : 챔피언티에서 홀까지의 거리
· REGUL TEE : 레귤러티에서 그린 위의 홀까지의 거리
· PAR : 그 홀의 기준
· TOTAL : 실력대로 친 합계 스코어
· HANDICAP : 그 사람의 핸디
· NET SCORE : 토탈 친 타수에서 핸드캡을 뺀 스코어

Competition ← 경기회명 기입

Player ← 자신의 이름 기입

아웃코스

HOLE	HCP	BACK TEE (YDS)	REGUL TEE (YDS)	PAR				
1								
2								
3								
4								
5								
6								
7								
8								
9								
OUT								

Player' s Sinature ____________

Maker' s Singnature ____________

스코어가 맞을 때 자신이 서명

스코어가 맞을 때 동반자가 서명

스코어세는 방법 2

이 그림처럼 깨끗히 쳤다면 이 홀의 스코어는 4타가 된다.

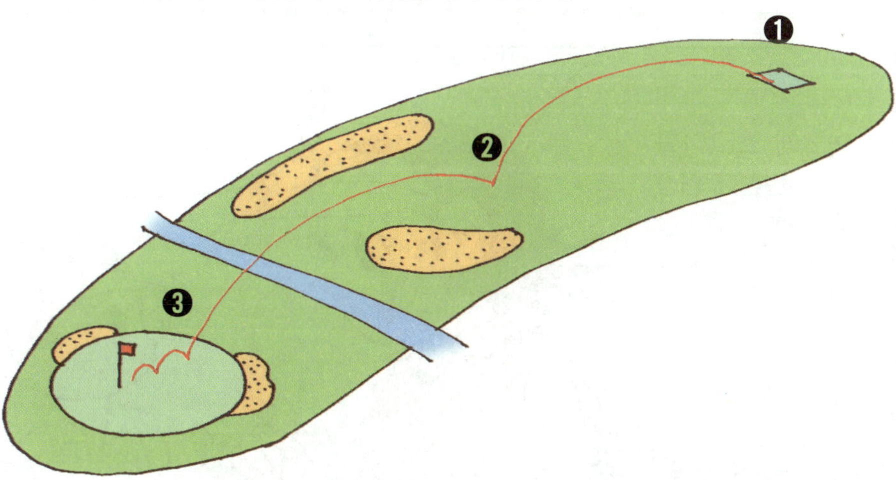

워터해저드에 들어간 경우 벌점이 1점 추가되고 다시 치게 되어 친 타수가 5타여도 벌점1타가 추가되어 6타가 된다.

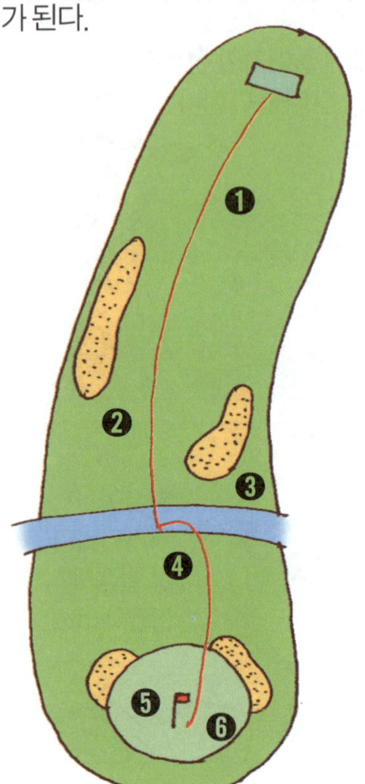

벙커샷에서 클럽바닥을 모래에 대면 2타 벌점이 된다. 그로인해 스코어는 9타가 된다.

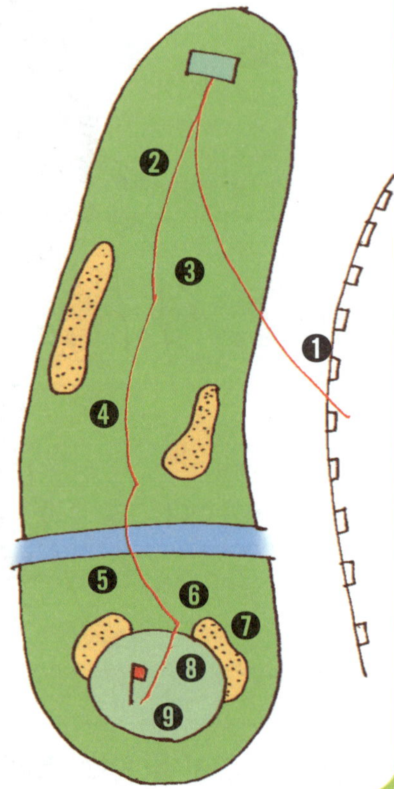

3 스코어 이름

스코어도
이름이 있는거니?
당연하지.
TV에서 보면 보기나
이글 등을 언급하는
것을 들어봤을 거야.
그게 바로 스코어를
부르는 말이야.
아!
파(기준 타수)를 기준으로
오버와 언더스코어에
붙이는 이름이지.
오버는 파보다
많이 쳤을 때
언더는 파보다
적게 쳤을 때를 말해.

스코어 이름	파5홀	파4홀	파3홀
홀인원	1타	1타	1타
알바트로스	2타	—	—
이글	3타	2타	—
버디	4타	3타	2타
파(기준타수)	5타	4타	3타
보기	6타	5타	4타
더블보기	7타	6타	5타
트리블보기	8타	7타	6타
더블파	10타	8타	6타

스코어 기입 4

골프는 스코어를 기입해 제출해야 해.
기입방법이 잘못되었다면 실격이 될 수 있으니까 주의가 필요해.
보통의 경기대회에서는 같은 조에서 플레이하는 사람끼리 기록원이 되는 경우가 많아.
같은 조? 그거 괜찮은 방법인데?
재밌겠다.
플레이 종료 후에 본인은 PLAYER' S SIG NATURE에 마커는 ATTESTED란에 기입해야 해.
꼭 기입해야만 하는 거야?

사인 중에 하나라도
빠지면 그 스코어에
해당되는 사람은
실격처리돼.
실격?!
하지만 개인끼리 하는 사적인
골프대회에서는 그런절차는
필요가 없어.
뭐야,
그럼 스코어는
어떻게 하고?
본인이 스코어를
기록하고 동반자가
증명하는 경우도
많거든.
에이~
난 또 스코어 기입 안하고
골프치는 줄
알았지.
자,
이번엔 핸디캡
산출방식을 알아보자.

핸디캡 산출방식 5

핸디캡
산출방식이 뭐야?
골프의 기술은
개인차가 심하잖아.
만약 그냥 친다면
잘 못치는 사람은
잘 치는 사람을
절대로 이길 수
없을 거야.
그래서 핸디를
부여하는 거니?
그래.
그래야 누구든 우승할
기회가 있는 것 아니겠어?
맞는 말이네.

핸드는 프라이빗핸디와 오피셜핸디가 있어.
프라이빗핸디는 회사 내에서나 친구들끼리 적용하는 핸디야.
그럼 오피셜핸디
오피셜핸디는 공식핸디로 대한골프협회에 가맹된 회원제 코스회원이 되면 취득이 가능해.
자격증 같은 거네.
보통은 코스에서 3~10라운드 경기를 한 후 그 평균스코어로 핸디를 산출해.
그럼 정말 정확한 핸디를 산출할 수 있겠구나.
그래. 하지만 우리나라 골퍼들은 대부분 오피셜핸디 같은 건 갖고 있지 않아.
그대신 프라이빗 핸디를 살펴볼까?

6 페리아방식

페리아방식은 뭐야?
프라이빗핸디를 산출할 때 많이 쓰이는 방법이 페리아방식이야.
페리아방식은 미리 몰래 홀을 준비해두고 플레이 종료 후 그 홀에서의 성적을 기준으로 해서 각 사람의 핸디를 결정하는 거야.
뭐야. 그럼 종료할 때까지 전원이 핸디를 모르는 거잖아?
그런셈이지.
몰래 선정해둔 홀이 여섯 개인 경우를 페리아방식이라고 해.
18홀 중 인3, 아웃3의 여섯 홀을 그 합계파가 24가 되도록 고르는 것이지.
…

그리고 각 사람의 여섯 홀중
합계타수를 3배해서
그 코스의 파(18홀)를
빼는 거야.
아웃과 인 각 파4의 홀
세 개씩이어도 되고
파5, 4, 3이
하나씩이어도 돼.
그럼 그렇게 해서 나온
숫자에 0.8을 곱하면
그 값이 핸디가
되는 거구나.
후훗
그래.
그럼 여섯 홀의
합계타수가 36이라고
했을 때…
그 코스 18홀 전체에서의
파가 72니까…
…
36×3=108 108-72=36
36×0.8=28.8 핸디가
28.8맞지?

• 9페리아(페리오)방식 •

18홀 중 합계파가 36이 되도록 9홀을 선택해 놓는다. 9홀의 합계타수를 2배해서 코스파(72)를 뺀 뒤 거기에 0.8을 곱한 것이 핸디값이다.

• 12페리아(신 페리오)방식 •

18홀 중 아웃6, 인6홀을 합계파가 48이 되도록 12홀을 선택한다. 12홀의 합계타수를 1.5배 한 후 코스파(72)를 뺀 수에 0.8을 곱한 것이 핸디값이다.

• 그로스스코어와 네트스코어 •

플레이에서의 정식타수(벌점포함)를 그로스라고 하고, 그로스에서 핸디를 뺀 스코어를 네트라고 한다.

일반적인 대회에서 네트스코어로 우승자나 순위를 결정한다.

그러나 프로대회 등에서는 그로스스코어를 채택하고 있다. 그로스스코어로 순위를 가리는 것을 스크래치경기라고 한다.

경기종료 7

플레이가 끝나고 나면 클럽확인을 하고 캐디마스터실에서 캐디전표에 기입해야 해.
캐디전표?
캐디전표에는 라운드수, 캐디성적 등을 기입하는 거야.
그래?
캐디성적을 쓸 때는 자신의 스코어가 나쁜 것을 캐디탓으로 돌려선 안돼.
그리고 돌아갈 땐 꼭 프런트에서 정산을 해야 하구~
정산? 정산은 용훈이하고 나라가 하기로 했는데…
아직 플레이 중인가 보네.

라운드 종료후 체크포인트

❶ 타수를 적게 신고했을 경우?

플레이어는 스코어카드 기입 책임이 있다. 원래 스코어보다 적게 신고했을 때는 경기 실격이다.

❷ 자신의 서명없이 제출했다면?

스코어카드에 자신의 서명과 마커의 서명은 필수로 어느 한쪽이나 양쪽 모두 누락되었다면 경기실격이다.

❸ 잘못된 스코어카드를 제출한 후 수정하려할 경우?

플레이어가 잘못된 스코어카드를 제출한 경우 벌없이 이름을 정정할 수 있다.

제출된 카드의 스코어와 플레이어의 이름이 일치하는 경우는 상관없으나 다른 경우에는 위원회가 이름을 정정하게 한 후 다시 제출받는다.

❹ 플레이어 서명란과 마커의 서명란을 바꿔 제출했을 경우?

스코어카드는 유효하고 벌은 없다.

❺ 스코어카드 서명란에 이니셜을 썼다면?

본인의 서명인 경우 스코어카드는 유효하고 벌은 없다.

골프룰

1 실수로 타순을 바뀐 것을 모르고 티샷한 후다시 티샷한 경우?

티샷한 볼은 이미 인플레이 상태로 타순이 바뀐 것에 대한 벌은 없으나 다시 친다면 처음 친 볼은 분실구가 되어 1벌타를 받는다.

2 출발시각 정각에 1번 티에 도착한 경우?

개인끼리 경기의 경우는 출발시간을 늦출 수 있지만 공식경기에서 실격처리된다. 그러나 위원회가 출발시간 5분 이내에 플레이할 수 있는 상태로 출발지점에 도착했을 때는 최초의 홀에서 2벌타를 주고 출발시킨다.

3 순서를 바꿔서 티샷했는데 OB가 되었을 경우?

타순이 잘못되었어도 페널티는 없고 순서가 바뀌었다고 다시 칠 순 없다. 이 경우의 OB는 보통의 OB와 같이 1벌타가 더해지고 다음샷은 티오프하고 세 번째샷이 된다.

4 동반플레이어에게 클럽의 번호를 묻 는 경우?

동반플레이어에게 사용한 클럽을 묻는 것은 가르쳐주는 것도 가르쳐준 사람도 2벌타를 부가한다.

5 티 구역이 벗어난 것을 알려줄 경우?

페널티 없이 그대로 플레이할 수 있다.

6 티잉그라운드 내에서 볼을 더 업했지만 스탠스가 구역 밖이었을 경우?

볼을 티잉그라운드 내에서 티업했다면 스탠스가 티잉그라운드 밖이라도 상관없다.

벌타 없이그대로 플레이할 수 있다.

7 티잉그라운드에서 연습스윙을 했는데 볼이 티에서 떨어진 경우?

연습스윙이어서 스트로크로 보지 않는다. 벌점 없이 다시 티업해서 칠 수 있다.

8 티샷한 볼이 낭떠러지로 떨어졌고 언플레이블을 선언하고 다시 티샷할 경우?

플레이어는 코스 위 어디에서나 자신이 볼을 언플레이어블 처리 할 수있고 언플레이블 처리로 1벌타를 받고 다시 티업해 칠 수 있다.

9 티샷한 볼이 레이디스 티잉그라운드에 올라간 경우?

인플레이 상태로 볼이 정지한 위치에서 그 다음샷을 치면 된다. 티업을 다시 할 수는 없고 벌점은 없다.

10 스윙시 스윙을 멈추면서 볼을 비껴간 경우?

스윙은 했지만 다운스윙 궤도를 바꿔 볼을 비껴가 스트로크를 멈추려고 한 것을 스트로크했다고 간주하지않는다.

벌점 없이 그대로 플레이하면 된다.

11 티샷이 페어웨이 중앙을 날아갔지만 볼이 없어졌을 경우?

볼이 없어졌다는 합리적인 상황증거가 있다면 볼이 없어진 장소에서 리플레이스하고 플레이를 계속한다.

하지만 합리적인 상황증거가 없으면 분실구 처리되어 전의 위치로 되돌아가 세 번째 샷으로 다시 친다.

12 숲속에 들어간 볼을 찾는데 5분이 지났을 경우?

찾기 시작해서 5분이 지나면 분실구로 취급하고 전에 쳤던 장소로 되돌아가 1벌타를 받고 다시 친다.

13 어드레스 자세를 잡기 전 볼이 움직였을 경우?

플레이어가 스트로크하기 전이고 양발의 스탠스를 정하지 않았다면 플레이어는 볼에 어드레스한 것이 아니다.

따라서 벌은 없다. 그러나 어드레스 자세를 취하는 과정에서 클럽에 볼을 갔다댔을 때 볼이 움직인 경우는 플레이어가 움직인 것으로 간주되어 1벌타를 받고 볼은 리플레이스해야 한다.

14 어드레스를 하던 중 볼이 굴러 OB에 들어간 경우?

어드레스 후에 볼이 움직인 것으로 1벌타를 받고 OB의 벌은 없다.

볼은 리플레이스하여 플레이를 계속 할 수있다.

15 러프에서 자신의 볼을 찾다가 실수로 볼을 찾을 경우?

실수라 해도 1벌타를 받고 볼을 전의 위치에 놓고 리플레이스해야 한다.

16 동반플레이어가 본인의 볼을 마음대로 집어들고 닦았을 경우?

인플레이된 볼로 1벌타를 받고 리플레이스한 후 플레이한다.

규칙에서는 볼을 집어들면 1벌타, 마크하지 않으면 1벌타, 볼을 닦은 경우 1벌타로 합계가 3페널티가 되지만 하나로 연결된 동작을 적용해 1벌타를 부가하는 것이다.

17 드롭한 볼이 지면에 튕겨 자신의 발에 맞은 경우?

드롭한 볼이 코스 위에 떨어지기 전이나 떨어진 후 플레이어 자신, 자신의 캐디, 휴대품 등에 맞았다면 벌없이 다시 드롭한다.

18 페어웨이에서 다른 사람의 볼을 칠 경우?

자신의 볼이 아닌 볼을 치면 오구가 된다. 오구의 스트로크는 계산하지 않는다. 오구를 두 번째 샷에서 쳤을 경우 오구플레이로 2벌타만 받고 다음 샷은 네 번째 타가 된다.

오구의 정정을 게을리하고 다음홀에서 티샷을 하면 그 시점에서 경기실격이 된다.

19 볼이 벙커에 들어가 모래에 파묻혀 누구의 볼인지 확인하려고 볼을 집어들 경우?

벙커 내에서 볼을 집어들면 1벌타 받고 리플레이스 후 플레이한다.

리플레이스를 정확히 하지 않은 경우 2벌타를 받게 된다.

20 벙커에서 한 번 취했던 스탠스를 고쳐서 다시 한 경우?

한 번 취했던 스탠스를 바꾸기 위해 처음 잡았던 자세를 고치고 발자국을 골랐다면 모래의 질을

테스트한 것으로 간주되어 2벌타를 받게 된다.

21 백스윙시 클럽이 뒤쪽의 풀에 닿았을 경우?

벙커 내에서는 다음과 같은 것들은 건드려도 페널티가 없다.

① 장애물(고무래, 휴지, 빈캔 등)

② 코스에 필요한 구축물

③ 풀이나 관목, 수목 그외에 자라나고 있는 식물, 스트로크를 하기 위해 백스윙시 클럽이 풀에 닿았어도 벌타 없이 그대로 플레이할 수 있다.

22 티샷이 연못에 빠진 것 같아 잠정구를 친 경우?

연못이나 강의 경우 OB와 달리 연못에 들어갔다라는 이유로 잠정구를 칠 수 없다.

연못에 들어간 경우 '워터해저드의 구제처리' 가 준비되어 있다.

23 연못에 들어갔다고 생각하고 드롭해서 플레이한 경우?

연못에 들어간 것을 입증할수 없을 때는 워터해저드의 구제처리를 받지 못한다.

연못을 가로지른 지점을 알 수 없어서 적당한 곳에서 드롭하면 먼저 드롭한 시점에 처음 볼은 분실구가 되어 1벌타를 받고 오소에서의 플레이로 2벌타를 받고 되돌아가 다시 쳐야 한다.

24 워터해저드 안의 볼이 물이 없는 흙 위에 있을 경우?

페널티 없이 그 상태로 칠 수 있다.

25 그린 위에서 퍼트했을 때 볼이 깃대에 맞을 경우?

그린에서 홀에 꽂혀 있던 핀에 볼이 맞았다면 2벌타를 받고 볼이 정지되면 플레이를 계속한다.

26 퍼트한 볼이 동반플레이어의 볼에 맞을 경우?

볼을 친 사람은 2벌타를 받고 볼이 멈춘 위치에서 플레이를 계속한다.

다른 사람의 볼에 맞은 사람은 벌이 없고 볼을 전 위치에 리플레이스해서 플레이할 수 있다.

27 그린 위에서 마크하지 않은 채 볼을 집어들었을 경우?

그린 위에서는 언제라도 볼을 집어들수 있지만 반드시 마크를 해야 한다. 룰에는 엄격히 '볼의 위치 마크는 마크를 볼 바로 뒤에 놓아야 한다' 라고 되어 있다.

위반시 1벌타가 부여되고 리플레이스해야 한다.

28 그린에 볼자국을 없애던 중 스파이크 자국도 함께 없앴을 경우?

스파이크 자국은 플레이가 끝날 때까지 없앨 수 없다.

그린 위 여기저기에 스파이크에 긁혀 생긴 자국을 퍼터로 누르면 그린 면의 개선위반이 되어 2벌타가 부여된다.

그러나 볼자국과 스파이크 자국이 퍼트 선상에 겹쳐 있을때는 벌이 없다.

29 마커 위치를 원래 위치로 되돌리지 않고 볼을 칠 경우?

오소에서의 플레이로 2벌타를 받지만 인플레이된 상태이기 때문에 계속해서 플레이한다.

홀아웃 후 2벌타를 받게 된다.

30 어드레스 후 건드리지 않은 볼이 홀인이 될 경우?

홀인이 아니며 어드레스 후 움직인 볼은 플레이어가 움직인 것으로 보고 1벌타를 받고 리플레이스 한다.

31 홀에 걸려 있던 볼이 바람이 불어 홀인이 된 경우?

바람이나 비 등의 원인으로 볼이 움직인 경우 홀인한 것으로 인정되고 홀아웃한 것이 된다.

32 홀 가장자리에서 정지한 볼을 떨어뜨리려고 제자리뛰기를 할 경우?

플레이어의 행동은 룰 위반이지만 결과적으로 볼이 움직이지 않았다면 룰 위반이 아니다.

그러나 볼이 조금이라도 움직였다면 2벌타를 받고 홀아웃한 것이 된다.

부 록

골프용어 해설

A

Ace(에이스) 단 한 번에 쳐서 홀에 넣는 것으로 홀인원(hole-in-one)과 같다.

Address(어드레스) 볼을 치려고 준비한 자세.

Advice(어드바이스) 플레이어의 캐디 또는 타 플레이어로부터 클럽의 선택, 스트로크(샷)의 방법, 방향 등에 대해서 조언하는 것. 단, 룰에 대한 조언은 해당되지 않는다.

Against Par(어게인스트 파) 각 홀마다 파를 기준하여 운영하는 경기 방식. 각 홀의 결과를 플러스와 마이너스만을 기록하여 플러스가 많은 사람이 우승.

Against Bogey(어게인스트 보기) 보기를 기준하여 승패를 정하는 경기. 방식은 어게인스트 파와 같다.

Against Rule(어게인스트 룰) 규칙을 위반하는 것.

Air Shot(에어 샷) 볼을 향해 스윙은 했는데 전혀 볼이 맞지 않은 샷.

Albatross(알바트로스) 파보다 3타 적게 홀을 마치는 것. 미국에서는 '더블 이글'로 더 잘 알려져 있다.

All Square(올 스퀘어) 매치 플레이에서 플레이어가 비기고 있을 때.

Annual Fee(애뉴얼 피) 회원들의 연회비(年會費).

Approach Play(어프로치 플레이) 홀 가까이에서 치는 묘기. 여기에는 칩(chip), 피치(pitch), 러닝(running), 어프로치 등이 있다.

Approach Putt(어프로치 퍼트) 핀을 직접 노린 퍼팅은 아니지만 다음 퍼팅이 확실히 홀컵에 들어갈 수 있도록 핀 가까이 붙이는 퍼팅.

Approach Shot(어프로치 샷) 볼을 치려고 준비한 자세.

Apron(에이프런) 그린 입구의 잔디를 잘 다듬은 지역. 페어웨이보다는 짧고 그린보다는 길다.

Army(아미) 전반 9홀의 성적으로 핸디캡을 정하는 것.

Attest(아테스트) 경기 후 상대방 스코어 카드에 착오가 없는지를 확인하는 것. 주로 상대방이 하고 아테스터(Attester)라는 난에 서명한다.(또는 마커라고도 한다.)

Average Golfer(애버리지 골퍼) 핸디캡 18~15 정도의 수준인 사람을 가리키는 말.

Away(어웨이) 처음 타격 후 홀로부터 멀리 떨어진 사람이 먼저 플레이한다. 따라서 누가 더 먼가를 가리킬 때 쓰는 말.

B

Back Nine(백 나인) 18홀 코스에서 후반 코스 9홀을 말한다.

Back Spin(백 스핀) 클럽 페이스의 경사각에 의해 볼이 받는 스핀. 고급 플레이어는 스핀을 강하게 하여 볼이 지면에 떨어진 후 바로 멈추게 한다.

Back Swing(백 스윙) 클럽을 뒤로 올리는 동작.

Back Tee(백 티) 프론트 티(전방), 미들 티(중앙), 백 티(후방) 등의 세 가지가 있고, 통상 가장 잘하는 플레이어(싱글 이하)가 백 티를 사용한다.

Baffy(버피) 우드 4번 클럽의 다른 말. 미국에서는 클리크라고 한다.

Banana Ball(바나나 볼) 오른쪽으로 휘어지는 타구로 슬라이스(slice) 볼의 미국식 용어.

Biginner(비기너) 골프를 처음 시작한 사람, 초보자.

Better Ball(베터 볼) 한 조에서 가장 낮은 스코어가 매 홀마다 채택되는 것.

Birdie(버디) 파보다 한 타 적게 홀을 마치는 것.

Bisque(비스크) 핸디캡으로 매치 플레이 하는 경우, 지정된 핸디캡 홀에서 핸디캡 스트로크를 받는 게 아니라 핸디캡을 받은 플레이어가 어느 홀에서 핸디캡을 적용할 것인가를 정하는 것. 홀이 끝난 후에 결정한다.

Bite(바이트) 백 스핀(back spin)과 같은 말. 바이트는 능숙한 아이언 샷에 의해 나타난다.

Blade(블래이드) 아이언 클럽의 칼날형으로 된 타구 면.

Blast(블래스트) 벙커에서 볼 아래의 모래를 폭발시키듯 크게 치는 샷으로 익스플로전(explosion) 샷과 같다.

Blaster(블래스터) 가장 로프트(경사각)가 큰 클럽의 다른 이름. 샌드 웨지 같은 것.

Blind Hole(블라인드 홀) 티 그라운드에서 그린이나 깃대에 가리어져 보이지 않는 홀.

Blow(블로우) 강타. 볼에 힘을 넣어 치는 동작을 말함.

Bogey(보기) 파보다 한 타 많게 홀을 끝내는 것.

Bogey Competition(보기 컴피티션) 플레이어가 핸디캡의 4분의 3을 받고 파

를 기준으로 플레이하는 것을 기록. 예: 2Up(파에 대해), 3Down(파에 대해)

Borrow(보로우) 그린 표면의 경사에 대해 플레이어가 볼을 우측으로 보내든가 좌측으로 보내는 것을 보로우라고 한다.

Brassie(브래시) 우드 2번 클럽의 다른 말.

Buffy(버피) 우드 4번 클럽의 다른 말.

Bunker(벙커) 지면보다 낮게 움푹 들어간 지역으로 항상 그런 것은 아니지만 보통은 모래가 채워져 있으며 볼을 잘못 쳤을 경우 그 안으로 떨어지게 하려고 설계되어 있다. 미국에서는 '트랩' 또는 '샌드 트랩'이라고 한다.

Bunker Shot(벙커 샷) 벙커 안에 들어간 볼을 그린 또는 페어웨이로 쳐내는 타법. 이때 클럽을 모래에 소올(sole)해서는 안 된다.

Butt(버트) 그립 쪽의 사프트 맨 앞.

Bye(바이) 매치 플레이에서 18홀 전에 승자가 결정되면 나머지 홀을 비공식적으로 플레이 하는 것.

C

Caddie(캐디) 코스에서 플레이어의 골프백을 들어주고 코스나 게임에 대해 조언을 해주는 사람.

Caddie Master(캐디 매스터) 캐디를 교육하거나 지휘하는 사람.

Card(카드) 스코어 카드의 준말. 18홀의 거리, 파, 핸디, 날짜, 이름란 등이 있다.

Carry(캐리) 친 볼이 공중에서 날아가는 거리.

Carryway System(캐리웨이 시스템) 정식 핸디캡이 없는 사람한테 하는 간단한 핸디캡 계산법.

Cart(카트) 골프 가방을 실어 나를 수 있도록 만든 삼륜차.

Casual Water(캐쥬얼 워터) 빗물 웅덩이라든가 넘쳐 흐른 물같이 원래 설계되어 있지 않는데도 코스에 물이 있는 것. 만일 볼이 이런 물에 빠져 있거나 플레이어의 발이 물에 잠기게 되거나, 물에서 플레이해야 한다면 벌타 없이 프리 드롭할 수 있다. 그린에 캐쥬얼 워터가 있다면 홀과 같은 거리에서 물이 없는 가장 가깝고 물을 피할 수 있는 곳에 옮겨놓을 수 있다.

Center-Shaft(센터 샤프트) 퍼터의 샤프트가 헤드의 중앙에 붙어있는 것.

Chip(칩) 그린 주변에서 로프트가 큰 클럽으로 샷하는 것. 보통은 피칭이나 샌드 웨지를 쓴다.

Chip and Run(칩 앤드 런) 중간 아이언으로 그린 가까이에서 러닝 어프로치하는 샷.

Chip In(칩 인) 칩 샷으로 볼이 홀에 들어가는 것.

Chip Shot(칩 샷) 그린 근처에서 핀(깃대)을 향하여 치는 샷.

Choice Score(초이스 스코어) 조를 짜서 스트로크 플레이를 할 때 그 조원 중 스코어가 가장 좋은 것을 선택하여 계산하는 것.

Circuit(서키트) 순회경기.

Closed(클로즈드) 스탠스의 방향과 클럽 페이스 방향 사이의 관계. 클럽 페이스가 발 쪽을 향해 있다면 클로즈된 것이고, 왼발이 타겟 라인에 크로스(가로질러)되어 있으면 스탠스가 클로즈된 것이다.

Club House(클럽 하우스) 플레이어의 식사, 목욕, 휴식, 탈의, 주차 등을 하기 위한 시설 건물.

Club Length(클럽 렝스) 클럽의 길이.

Cock(코크) 손목의 꺾임.

Collar(칼라) 그린 또는 벙커 주위의 풀.

Compact Swing(컴팩트 스윙) 빈틈없고 완전한 스윙.

Concede(컨시드) 매치 플레이 때 상대방 볼이 원 퍼트로 넣을 수 있다고 생각되면 '좋다' 고 말하고 홀인을 준다. 스트로크 플레이에서는 허용되지 않는다.

Country Club(컨트리 클럽) 맴버제로 운영되는 골프 클럽.

Course Rate(코스 레이트) 코스의 난이도를 표시하는 숫자.

Cross Bunker(크로스 벙커) 페어웨이 옆으로 길게 늘어져 있는 벙커. 실수로 이 지역에 볼이 들어갈 수도 있다.

Cross Wind(크로스 윈드) 측면에서부터 부는 바람.

Cup(컵) 홀 안에 넣어놓은 둥근 컵. 홀 자체를 홀컵이라고도 부른다.

Cut In(커트 인) 코스의 순서를 무시하고 도중에서부터 플레이하는 것.

Cut Up(커트 업) 볼을 높이 때리는 것.

Cut Shot(커트 샷) 볼의 스핀이 시계방향으로 생기게 하는 타법으로 그린 위에서 갑자기 볼이 정지하게 된다. 커트 샷은 정교한 기술을 요하는 기법이다. fade라고도 한다.

D

Default(디폴트) 기권(D.F).

Dead(데드) 홀에 아주 가까워서 다음 퍼팅에서 놓칠 리 없는 볼, 매치 플레이에서는 이런 볼은 기브를 준다.

Dimple(딤플) 볼 표면에 파인 작은 자국.

Divot(디보트) 잘 맞은 아이언 샷이 볼을 칠 때 뜯긴 잔디의 조각.

Dogleg(도그레그) 페어웨이가 좌 또는 우로 굽은 코스.

Dormie(도미) 매치 플레이에서 한 사람이 남은 홀의 숫자와 같은 홀을 이기고 있을 때 도미라고 한다.

Double Bogey(더블 보기) 한 홀에서 파보다 2타수 많은 것.

Down Swing(다운 스윙) 스윙의 일부분으로서 백 스윙의 톱에서부터 볼을 때리기까지의 스윙.

Double Eagle(더블 이글) 파보다 3타 적게 홀을 마치는 것. 알바트로스라고도 함.

Down Blow(다운 블로우) 아래로 내려친 스윙. 디센딩 블로우(decending blow).

Downhill Lie(다운힐 라이) 볼이 내려가는 경사면에 정지해 있는 상태.

Down Swing(다운 스윙) 스윙할 때 백스윙 후에 아래로 내려가는 순서의 스윙.

Draw(드로우) 의도적으로 약간 볼을 좌측으로 휘게 치는 샷.

Drive(드라이브) 홀에서 맨 처음 하는 샷. 통상 티에서 한다.

Driver(드라이버) 우드 1번. 클럽 세트 중에서 가장 파워가 센 클럽이며 티에서 최대한의 거리를 내기 위해 사용한다.

Driver Shot(드라이버 샷) 우드 1번으로 치는 샷. 티샷 때 주로 사용된다.

Driving Range(드라이빙 레인지) 250야드 이상의 거리를 갖춘 연습장.

Drop(드롭) 페널티를 받든 아니든 볼을 들어내야 하는 경우, 플레이어는 똑바로 서서 어깨 높이로 팔을 뻗어서 핀에 가깝지 않게 볼을 떨어뜨리는 것.

Dub(더브) 실패한 타구 또는 수준이 낮은 골퍼. 더퍼(duffer)라고도 한다.

Duck Hook(덕크 훅) 심한 훅 현상으로 볼이 급강하하면서 휘어지는 타구로 위협적이다.

E

Eagle(이글) 파보다 2타 적게 홀을 마치는 것.

Eclectic(에클레틱) 몇 주나 몇 달 동안에 걸친 시합으로 코스의 매 홀마다의 베스트 스코어를 채택한다.

Edge(에지) 홀, 그린, 벙커 등의 가장자리 또는 끝을 말한다.

Even(이븐) 스트로크 수가 같을 때, 승패의 우열을 가리기 어려울 때, 이븐파라 하면 코스의 규정파와 같은 스트로크를 말한다.

Explosion Shot(익스플로전 샷) 벙커의 모래 속에 볼이 파묻혀 있을 때 탈출하기 위해 하는 샷.

Extra Hole(엑스트라 홀) 규정 홀에서 승부가 가려지지 않아 연장전을 할 때 사용하는 홀.

F

Face(페이스) 볼을 치는 클럽 헤드의 면.

Face Insert(페이스 인서트) 우드 클럽의 페이스에 특별히 강한 임팩트 부분을 끼워 넣은 것.

Fade(페이드) 의도적으로 볼을 왼쪽에서 오른쪽으로 약간 휘어져 날아가게 하는 샷.

Fairway(페어웨이) 티와 그린 사이에 짧게 잔디를 깎아놓은 곳.

Fairway Woods(페어웨이 우드) 티샷 후에 볼이 플레이 상태에 있을 때 사용하기 위해 디자인된 2, 3, 4, 5번 우드, 그리고 때로는 이보다 높은 번호의 우드도 사용한다.

Fast Green(패스트 그린) 볼이 많이 구르는 그린.

Feather Shot(페더 샷) 페이드 샷 때 볼을 의도적으로 높이 치는 것.

Finish(피니시) 스윙의 완료 자세. 또는 경기 끝.

Flag(플래그) 그린 위에 홀의 위치를 알려주는 깃발.(흔히 핀이라고 함.)

Flag competition(플래그 컴피티션) 각 플레이어가 코스의 파에다 핸디캡을 더한 타수를 정해 놓고 플레이한다. 이 정한 타수를 다 치게 되면 거기에서 끝나고(플레이어의 이름을 적은 깃발을 이 위치에 꽂아둠) 가장 멀리까지 플레이해 간 사람이 승리한다.

Flange(플랜지) 아이언 클럽의 넓은 바닥을 가리키며 샌드웨지가 가장 크다.

Flat Swing(플랫 스윙) 몸을 돌아서 하는 궤도가 낮은 스윙.

Follow-through(폴로스루) 임팩트 이후의 스윙의 한 부분.

Fore(포) 플레이어가 자신이 샷한 볼에 필드의 다른 사람들이 맞을 위험이 있을 때 이를 알리려고 소리치는 단어.

Fourball(포볼) 네 명이 벌이는 시합으로서 보통 두 명이 한편이 되어 각자의 볼을 사용. 매 홀의 더 잘 친 사람의 스코어로 계산함.

Foursome(포섬) 두 명이 한편이 되어 하는 시합으로 한편이 볼 하나만 사용하며 교대로 샷한다. 티샷은 교대로 한다.

Fringe(프린지) 그린을 둘러싸고 있는 약간 풀이 긴 부분.

Front Nine(프론트 나인) 18홀 코스의 처음 9홀. 아웃 코스라고도 한다.

Full Swing(풀 스윙) 최대한으로 스윙을 한다는 뜻. 백 스윙이 크다.

G

Gallery(갤러리) 골프 시합을 관전하러 온 관중.

General Rule(제너럴 룰) 골프협회가 정한 규칙.

Gimme(기미) 상대방에게 퍼팅을 우선하도록 양보하는 것.

Gobble(고블) 과감히 퍼팅해 볼을 홀에 넣는 것.

Golden Eagle(골든 이글) 파 5의 홀에서 2타로 홀인시키는 것. 알바트로스.

Grain(그레인) 그린의 풀이 자라는 각도. 그레인에 거슬러서 퍼팅을 하게 되면 그레인을 따라 하는 것보다 어렵다.

Grass Bunker(그래스 벙커) 모래는 없

고 풀만 있는 벙커.

Green(그린) 잔디를 짧게 깎고 잘 다듬어 놓은 타겟 지역으로 홀이 있다.

Green Fee(그린 피) 플레이어가 지불하는 코스 입장료.

Greensomes(그린섬) 두 사람이 한편이 되는 시합의 종류. 네 명 모두 드라이브를 매 홀마다 치고 잘 맞은 볼부터 교대로 치면서 게임하는 것. 각 팀의 핸디캡은 낮은 핸디캡은 10분의 6, 높은 핸디캡은 10분의 4가 주어진다.

Grip(그립) 클럽을 잡고 있는 손의 위치, 또한 클럽 샤프트의 끝에 있는 고무나 가죽으로 감은 손잡는 부분.

Gross Score(그로스 스코어) 네트 스코어를 산출하기 위해 핸디캡을 빼기 전에, 라운드하며 실제로 친 타수.

Ground Under Repair(그라운드 언더 리페어) 임시로 정한, 플레이할 수 없는 코스 내의 지역으로, 여기에 있는 볼은 페널티 없이 옮겨서 드롭할 수 있으며, 지역 밖에 볼이 있다고 해도 플레이어가 그 지역에 서게 됨으로써 플레이에 방해가 된다면 옮길 수 있다.

H

Half(하프) 상대방도 같은 스코어를 기록했을 때. 동점일 경우 매치 게임은 비기게 된다.

Half Shot(하프 샷) 백 스윙을 절반 정도만 하는 타구 동작인데 거리에 따라 조정하여 샷한다.

Half Swing(하프 스윙) 풀 스윙을 반 정도의 힘을 줄여서 하는 스윙.

Handicap(핸디캡) 코스의 파에 비교하여 플레이어의 실력을 비교하는 것. 핸디캡 20의 플레이어는 파 70짜리 코스를 90의 스코어로 마쳐야 한다. 핸디캡을 허용함으로써 실력이 다른 사람끼리도 이런 조건하에 동등한 경쟁이 가능하다.

Hanging Lie(행잉 라이) 플레이어 앞쪽이 낮은 경사에 볼이 있을 때.

Havard Match(하버드 매치) 무승부 경기.

Hazard(해저드) 벙커나 도랑같이 원래 설계에 의해 만들어져 있는 코스 내의 장애물.

Head Up(헤드 업) 스윙시 임팩트 전에 머리를 드는 동작.

Heel(힐) 샤프트 끝에 있는 클럽 헤드 부분

High Side(하이 사이드) 경사진 그린에서 홀보다 높은 쪽에 있는 지역.

Hole-In-One(홀인원) 티 그라운드에서 단 한번에 홀에 넣는 것.

Hall Match(홀 매치) 매 홀마다 승패를 정하는 경기방식. 매치 플레이라고도 함.

Hall Out(홀 아웃) 한 개의 플레이가 끝난 것.

Home(홈) 18번 홀의 그린.

Home Course(홈 코스) 자기가 소속된 클럽의 코스.

Honor(오너) 전 홀에 이긴 사람이 먼저 티샷할 수 있는 명예를 가진다는 뜻.

Hooded(후디드) 클럽 페이스가 안쪽으로 클로즈되어 로프트가 줄어드는 현상.

Hook(훅) 볼이 좌측으로 심하게 휘는 잘못 친 샷.(오른손잡이의 경우.)

Hosel(호셀) 샤프트가 끼워진 클럽 헤드의 부분.

I

Impact(임팩트) 클럽의 헤드가 볼을 친 순간 상태.

In(인) 컴잉 인(comming in)의 약칭으로 18홀 중 후반의 9홀. 인코스라고도 한다.

In Bound(인 바운드) 플레이가 가능한 지역.

Indoor Golf(인도어 골프) 실내 골프. 실내 골프 연습장.

Inside Out(인사이드 아웃) 클럽 헤드를 비구선 안쪽으로부터 볼에 닿도록 바깥쪽으로 스윙해 쳐내는 것.

Iron(아이언) 쇠로 만들어진 골프 클럽. 퍼터는 제외한다.

Iron Shot(아이언 샷) 아이언 클럽으로 친 샷.

Interlocking Grip(인터락킹 그립) 그립을 잡는 한 방법으로 오른손 약지와 왼손 인지를 걸어 쥐는 방법으로 손이 작은 골퍼나 힘이 약한 골퍼에게 좋은 방법이다.

J

Jerk(저크) 스윙의 리듬과 타이밍이 맞지 않아 볼이 잘못 가는 것.

Jigger(지거) 러닝 샷만을 위해 만들어진 클럽. 클리크라고도 한다.

K

Kick(킥) 볼이 지면에 떨어졌을 때 제자리로 튀어서 돌아오는 것.

Kick Point(킥 포인트) 골프채가 휠 때 가장 많이 굽어지는 부분.

L

Lag(래그) 퍼팅을 할 때 볼을 홀에 넣기보다는 홀컵을 지나치지 않도록 조심스럽게 퍼팅하는 것.

Last Goal(라스트 골) 매 1년 중 마지막으로 행하는 경기.

Last Hole(라스트 홀) 경기하는 마지막

홀. 피니싱 홀이라고 함.

Lateral Water Hazard(병행 해저드) 도랑이나 개천, 또는 연못이 홀과 나란히 있는 것. 여기에 빠진 볼은 1벌타를 받고 좌우 어디에 놓고 쳐도 무방하다.

Lie(라이) 볼이 서 있는 자리를 라이라고 하며, 또한 클럽의 샤프트와 헤드의 각도를 뜻하는 말이기도 함. 키가 크고 작은 사람을 위해 다양한 각도로 되어 있음.

Line Up(라인 업) 퍼팅 방향으로 볼과 홀을 연결하는 선을 눈으로 정하는 것.

Links(링크) 골프가 원래 플레이되었던 모래와 잔디, 그리고 조잡한 풀들이 있는 전형적인 바닷가 코스.

Lip(리프) 홀의 테두리, 또는 벙커의 경계선.

Local Rules(로컬 룰) 스코어 카드의 뒷면에 적혀 있는 코스의 흔하지 않은 특징이나 장애물에 대해 분명히 규정해 놓은 것. 로컬 룰은 **PGA** 룰에 우선한다.

Loft(로프트) 볼을 높이 띄우거나 적게 띄우기 위한 클럽 헤드의 경사각.

Lonesome(론섬) 혼자서 코스를 플레이하는 골퍼.

Long Game(롱 게임) 거리를 많이 내보내는 것이 더 중요한 경우의 샷.

Long Hole(롱 홀) 파 5 이상의 거리가 먼 홀. 파 4의 홀은 미들 홀, 파 3의 홀은 숏 홀(short hole)이라 한다.

Long Iron(롱 아이언) 아이언 클럽 중 1, 2, 3번을 말한다.

Loose Impediments(루즈 임피디먼트) 실제로 자라나는 것은 아니지만 나뭇가지나 잎 등을 가리키는 말이며, 볼 밑에 깔려있지 않으면 페널티 없이 들어낼 수 있음. 볼은 절대로 움직여서는 안 됨.

Lost Ball(로스트 볼) 5분간 찾다가 찾을 수 없는 볼. 1벌타를 받고 원래 잃어버린 볼을 쳤던 장소로 돌아가서 샷하게 되며 3타째가 된다.

Low Handicap(로 핸디캡) 핸디캡이 적은 상급 플레이어. '싱글 플레이어'라고도 한다. 일반적으로 5 이내를 말하며 25 이상이면 하이 핸디캡.

Low Side(로 사이드) 경사진 그린에서 홀보다 낮은 쪽의 지역을 말한다.

M

Mark(마크) 그린 위에서 플레이어가 다른 사람의 퍼팅 라인에 방해되지 않기 위해, 또는 볼을 닦기 위해 집어든 자리를 표시하는 것.

Marker(마커) 다른 플레이어의 스코어를 기록하는 플레이어.

Mashie(매시) 아이언 클럽 중 5번에 해당하는 로프트를 가진 클럽.

Mashie Niblick(매시 니블릭) 7번 아이언의 별칭.

Match Play(매치 플레이) 타수로 승부를 결정하는 것이 아니고, 이긴 홀의 수에 의해서 결정되는 것.

Medal Play(메달 플레이) 스트로크 플레이와 같은 말. 메달 매치라고도 하며, 규정 홀의 전 타수를 합산하여 적은 타수의 경기자가 우승하는 경기 방식.

Medal Score(메달 스코어) 스트로크 수. 벌타 수도 가산된다.

Medium Iron(미디엄 아이언) 아이언 클럽 중 4, 5, 6번을 총칭하는 말. 미들 아이언과 같다.

Middle Hole(미들 홀) 230~430의 홀. 파 4의 홀.

Mulligan(멀리간) 티샷에서 볼을 나쁘게 쳤을 때 벌타 없이 주어지는 세컨 샷.

N

Nassau(낫소) 친한 플레이어들끼리 하는 도박경기로서 매치 플레이를 할 때 자주 쓰며 아메리칸 낫소 골프 클럽에서 시작되었다.

Natural Golfer(내추럴 골퍼) 자연스런 폼을 익힌 천부적인 재능을 가진 골퍼, 본 골퍼(born golfer)라고도 한다.

Natural Grip(내추럴 그립) 야구 방망이를 쥐듯이 하는 그립 방식으로 베이스볼 그립(baseball grip), 텐 핑거 그립(ten finger grip)이라고도 한다.

Neck(네크) 클럽 헤드와 샤프트가 연결되는 부분.

Net Score(네트 스코어) 라운드의 스코어에서 자기 핸디캡을 뺀 스코어.

Never Up Never In(네버 업 네버 인) 홀에 가지 않은 볼은 결코 홀에 들어갈 수 없다는 뜻. 퍼팅은 공이 홀을 지나가도록 해야 한다는 교훈의 뜻.

Niblick(니블릭) 9번 아이언.

Nice Shot(나이스 샷) 좋은 샷을 했을 때 하는 칭찬의 말.

Nose(노우즈) 클럽 헤드의 끝 부분. 토우(Toe)라고도 한다.

O

On(온) 볼이 그린 위에 있는 것.

On Green(온 그린) 볼이 그린에 이르는 것. 한번의 티샷으로 온그린하는 것을 '원 온 더 그린' 이라 한다.

One On(원 온) 1타에 볼을 그린에 올려놓는 것.

One Round(원 라운드) 18홀 코스를 1회 끝내는 것.

One Shot Hole(원 샷 홀) 티에서 1타로 그린에 올려놓을 수 있는 거리의 홀. 파 3홀을 가리킨다.

Open(오픈) 스탠스의 우측으로 클럽 페이스가 향해 있고 발은 타겟 라인의 왼쪽을 향해 있는 상태.

Open Face(오픈 페이스) 클럽 페이스를 수직보다 더 벌어지게 하는 것. 높은 비구선을 그리게 된다.

Open Game(오픈 게임) 프로와 아마추어가 함께 하는 경기.

Open Stance(오픈 스탠스) 기본적인 3가지 스탠스 중 하나로 정상적인 어드레스에서 왼쪽 발을 뒤로 물러서게 한 자세.

Out(아웃) 18홀의 전반 9번까지의 홀을 말한다. 고잉 아웃(going out)의 준말.

Out Drive(아웃 드라이브) 상대방보다 더 멀리 드라이브하는 것.

Out of Bounds(OB) 플레이할 수 있는 지역이 아닌 곳, 말뚝이나 울타리로 표시되어 있다. OB 지역으로 볼이 들어가면 원래 볼을 쳤던 자리에서 다시 플레이해야 하고 1벌타를 받는다. 경기의 원활한 신행을 위해 OB티가 별도로 있는 곳에서는 OB티에 나가서 플레이해야 한다.

Overlapping Grip(오버래핑 그립) 가장 많이 사용하는 그립의 방법으로 오른손 약지를 왼손 검지 위에 포개어 쥐는 방법으로 해리바든이 고안했다. 바든 그립이라고도 한다.

Over Par(오버 파) 각 홀의 타수가 파보다 많은 것.

Over Spin(오버 스핀) 백 스핀의 반대말로 공의 회전이 날아가는 방향으로 생긴다.

Over Swing(오버 스윙) 백 스윙의 정점에서 클럽 헤드가 수평 이하로 내려가는 것.

P

Par(파) 한 코스나 한 홀에서 스크래치 플레이어가 기록할 수 있다고 예상하는 스코어.

Pass(패스) 앞의 그룹을 앞질러 통과하는 것으로 앞그룹의 속도가 느리면 뒷그룹을 추월시키는 것이 예의이다.

Peg Tee(페그 티) 나무 또는 플라스틱 등으로 만든 티.

Penalty(페널티) 스트로크 플레이에서는 규정을 위반하면 보통 2벌타를 받고 매치 플레이에서는 그 홀을 잃게 된다.

Pin(핀) 홀에 꽂혀 있는 플래그 스틱(깃대)의 다른 표현.

Pitch Shot(피치 샷) 그린에 볼을 올리는 짧은 샷, 높이 띄워줌으로써 지면에 떨어져 구르는 것을 막는다.

Pitching Wedge(피칭 웨지) 피치 샷 때 사용하는 아이언 클럽.

Play Off(플레이 오프) 재경기 또는 연장전.

Play Through(플레이 스루) 진행이 늦은 그룹을 추월하는 것.

Provisionnal(프로비저널) 먼저 친 볼이 잃어버린 것 같거나 OB 지역으로 들어간 것 같을 때 잠정구를 치는 것.

이 잠정구 샷도 계산되고, 먼저 친 볼을 찾지 못하면, 페널티와 그리고 먼저 친 샷도 합산된다. 먼저 친 볼을 찾으면 잠정구는 사용하지 못한다.

Public Course(퍼블릭 코스) 회원제가 아닌 누구에게나 공개되는 코스를 말함.

Pull(풀) 볼이 바르게 날다 좌측으로 약간 휘는 타구.

Push(푸시) 타겟의 우측으로 똑바로 날아가는 샷.

Putt(퍼트) 그린 위에서 퍼터를 이용해 볼을 굴리는 샷.

Putter(퍼터) 퍼트에 쓰는 클럽으로 T, D, L형의 3종이 있다.

Putting Green(퍼팅 그린) 홀 주위에 아주 짧게 깎은 잔디로 된 지역. 그린이라고도 한다.

Putting Line(퍼팅 라인) 그린 위의 볼과 홀을 이은 선으로 공격선을 뜻한다.

R

Recall(리콜) 위반한 상대방에게 수정을 요구하는 것.

Recovery Shot(리커버리 샷) 실책한 타구를 만회하기 위한 샷.

Regular Tee(레귤러 티) 보통 사용하는 티. 중간에 위치한 티. 화이트 티(white tee)라고도 한다.

Repair(리페어) '수리하다'의 뜻으로 디보트 또는 볼 마크를 리페어한다고 말한다.

Rough(러프) 잔디가 덜 다듬어지고 풀이 자라는 페어웨이의 경계선.

Round(라운드) 코스를 한 바퀴 도는 것.

Rub of Green(러브 오브 그린) 볼이 사고로 인해 멈추거나 빗나갔을 경우, 볼이 원래 있던 자리에서 다시 플레이한다.

Rules(룰) 전 세계의 골프계는 영국의 **R&A**와 미국 골프 협회에 의해서 규제된다. 로컬 룰은 클럽의 특정한 상황에 맞도록 규제하기 위해 클럽에서 정한다.

Running Approach(러닝 어프로치) 어프로치 샷의 한 방법으로서 로프트가 약간 있는 클럽으로 지면으로 떨어진 후 볼을 멀리 가도록 하는 샷이다.

S

Sand Bunker(샌드 벙커) 모래벙커. 흔히 벙커라고 말함.

Sand Trap(샌드 트랩) 벙커의 다른 이름.

Sand Wedge(샌드 웨지) 가장 로프트가 큰 아이언 클럽으로 벙커에서의 샷과 피칭에 사용한다.

Scramble(스크램블) 팀 플레이로서 자기팀이 친 볼 중에 가장 잘 나간 드라이브 샷으로 플레이하고, 그 다음 샷도 마찬가지로 하는 플레이 방식이다.

Scratch Player(스크래치 플레이어) 핸디캡이 0인 플레이어.

Scuff(스커프) 바로 볼 뒤의 땅을 치는 것.

Scoop(스쿠프) 볼을 높이 떠올리는 샷으로 아이언 클럽을 쓴다. 벙커에서 그린으로 쳐올리는 것.

Set of Clubs(클럽 세트) 최대로 사용할 수 있는 클럽의 수는 14개며, 4개의 우드와 9개의 아이언, 그리고 퍼터를 보통의 세트라고 한다.

Shank(생크) 호셀이 있는 부분의 클럽 헤드로서 여기에 볼이 맞으면 우측으로 날아간다.

Short Cut(숏 커트) 가로질러 가는 샷. 홀 순위를 무시하고 가까이 있는 홀로 옮겨가는 것. 복잡한 코스에서는 안 된다.

Short game(쇼트 게임) 그린에 어프로치하는 샷, 그리고 퍼팅.

Short Hole(숏 홀) 파 3홀.

Shut Face(셧 페이스) 클럽 페이스가 엎어지는 상태. 클로즈 페이스라고도 한다.

Shut(셧) closed를 참조할 것.

Single(싱글) 싱글 핸디캡의 약어로 1~9까지의 핸디캡을 가리킴.

Slice(슬라이스) 좌측으로부터 우측으로 날아가는 잘못된 샷.

Sole(솔) 클럽 헤드의 밑바닥.

Spade Mashie(스페이드 매시) 6번 아이언의 별칭.

Spoon(스푼) 우드 3번의 별칭.

Spare Shot(스페어 샷) 약하게 치는 샷.

Square(스퀘어) 타겟 라인에 평행하게 어드레스되어 있는 몸의 위치를 스퀘어라고 한다. 직각이라는 뜻.

Stableford(스테이블포드) 파를 기준으로 하는 시합의 한 형식. 스트로크 인덱스에 의해 8분의 7의 핸디캡을 적용하여, 네트 파 스코어는 2점, 보기는 1점, 버디는 3점씩 얻는다.

Stance(스탠스) 볼을 치기 위해 양발의 위치를 정렬하는 것.

Standard Scratch Score(스탠더드 스크래치 스코어) 한 코스에 대한 파의 측정으로 핸디캡의 기초가 된다.

Stiff(스티프) 단단한 클럽의 샤프트. 또는 자세가 굳어 있는 경우도 말한다.

Stony(스토니) 핀 바로 옆까지 볼을 보내는 샷.

Stroke(스트로크) 골프의 샷.

Stroke and Distance(스트로크 앤드 디스턴스) 볼이 플레이할 수 없는 상황일 때(언플레이어블) 1벌타를 받고 원래 볼을 쳤던 자리로 돌아가서 다시 플레이하는 것.

Stroke Index(스트로크 인덱스) 핸디캡 플레이어가 핸디캡 스트로크를 받게 되는 홀의 순서를 표시하는 스코어 카드상의 숫자.(흔히 홀의 난이도를 의미한 것이기도 하다.)

Stroke Play(스트로크 플레이) 친 샷의 수(스코어)로 승부를 결정하는 경기

방식.

Sway(스웨이) 스윙할 때 몸의 중심선을 좌우 또는 상하로 이동시키는 것.

Sweep(스위프) 클럽 헤드의 원심력을 이용해 쓸어내듯이 타구하는 것.

Sweet Spot(스위트 스파트) 클럽 헤드의 중심 부분.

Swing Weight(스윙 웨이트) 한 세트의 클럽일 경우 균형과 클럽의 전체 무게를 측정하는 것으로 모든 클럽은 스윙할 때 같은 느낌이 와야 한다.

T

Take Away(테이크 어웨이) 테이크 백(take back)이라고도 하며 어드레스에서 클럽을 들어 올리는 순간 단계로 백 스윙의 처음동작이다.

Tee(티) 각 홀에서 첫번째의 샷을 위해 볼을 놓는 자리. 티 박스의 약어로 쓰임.

Teeing Ground(티 그라운드) 매 홀 첫 샷을 하는 평평한, 때로는 경사도 있는 지역. 남자의 시합 티(타이거 티 또는 챔피언 티, 백 티라고도 함)와 일반 남자의 티, 조금 짧은 남자용 티, 그리고 레이디의 티로 여러 개의 티 그라운드가 있다.

Texas Mark(텍사스 마크) 볼의 타격점을 표시한 자리.

Tee Up(티 업) 볼을 치기 위해 티에 볼을 올려 놓는 것.

Texas Scramble(텍사스 스크램블) 스크램블 참조.

Texas Wedge(텍사스 웨지) 그린 밖에서 퍼터를 써서 어프로치하는 것.

Three Off The Tee(쓰리 오프 더 티) 볼을 잃어버렸거나 OB, 또는 티샷이 언플레이어블되었을 때 1벌타를 받고 다시 티샷하는 것은 3타째가 된다.

Threesome(쓰리섬) 한 사람이 다른 두 사람과 경쟁하는 시합 형식으로 각 팀은 하나의 볼로 플레이 한다.

Through Swing(스루 스윙) 볼을 실제로 때리는 스윙의 한 부분(다운 스윙에서 폴로 스루까지를 의미한다).

Through The Green(스루 더 그린) 티 그라운드, 퍼팅 그린, 해저드, OB 지역이 아닌 골프 코스.

Toe(토우) 샤프트에서 가장 멀리 있는 클럽 헤드의 끝 부분.

Top(톱) 볼의 윗부분을 치는 것, 토핑이 된 볼은 공중으로 뜨지 않는다.

Trap(트랩) 샌드 벙커.

Turf(터프) 잔디.

Two Ball Foursome(투 볼 포섬) 2명씩 짝을 지어 각편이 하나의 볼로 하는 매치 플레이.

Two Shotter(투 샷터) 미들 홀. 2타로 그린에 올려야 하는 홀.

U

Under Clubbing(언더 클러빙) 필요로 하는 클럽보다 짧은 클럽을 사용한다. 예를 들면 3번 아이언이 적당하나 4번 클럽을 사용하는 것.

Under Handicap(언더 핸디캡) 스코어에 핸디캡을 가산하는 것.

Under Par(언더 파) 파보다 적은 스코어.

Under Repair(언더 리페어) 코스 내에 있는 수리 지역. 흰 선이나 붉은 말뚝을 이용한다.

Under Spin(언더 스핀) 백 스핀.

Unplayable(언플레이어블) 플레이어는 볼의 상태가 플레이할 수 없다고 생각되면 언플레이어블을 선언할 수 있고, 1벌타를 받은 후 홀에 가깝지 않은 곳에 드롭할 수 있다. 벙커에서의 언플레이블은 벙커 안에 드롭하거나 아니면 원래 쳤던 곳으로 돌아가서 다시 플레이해야 한다.

Uphill Lie(업힐 라이) 볼이 플레이어의 발보다 높은 경사에 있는 경우.

Upright Swing(업라이트 스윙) 클럽 헤드의 움직임이 거의 수직인 스윙 스타일.

V

Vardon Grip(바든 그립) 해리 바든에 의해 만들어진 그립으로 오버래핑 그립. V자 그립이라고도 함.

Visitor(비지터) 회원제 클럽에서 비회원 골퍼를 말한다.

W

Waggle(왜글) 플레이어가 어드레스에서 긴장을 풀기 위해 클럽을 좌우로 흔드는 동작.

Water Hazard(워터 해저드) 코스 내의 호수, 연못, 습지, 냇물 등 의도적으로 설계된 장애물.

Wedge(웨지) 로프트가 큰 페이스를 가진 클럽으로, 피팅과 샌드 웨지 아이언 같은 것이다.

Whiff(위프) 볼을 완전히 헛치는 실패 동작.

Whipping(휘핑) 우드 클럽의 헤드에 가깝게 줄을 감아 놓은 것.

Winter Rule(윈터 룰) 플레이가 곤란한 겨울 동안 잔디 보호를 위하여 특별히 인정하는 규칙. 페어웨이 내에서 볼을 6인치 이내의 거리까지 옮길 수 있다.

Woods(우드) 먼 거리를 보낼 수 있도록 길게 고안되고 헤드가 감나무, 물푸레

나무 등으로 만들어진 클럽. 각종 금속으로 만들어진 메탈우드도 있다.

Wrist Cock(손목 코킹) 백 스윙시 클럽이 올라가며 시작되는 손목이 자연스럽게 꺾이는 동작.

Y

Yard(야드) 영국에서 쓰는 길이를 나타내는 단위로, 1야드는 3피트, 0.91438cm이다.

◇ 클럽의 이름들

가죽에 깃털을 채워놓은 볼로 골프를 하던 시절에는 클럽들은 번호보다는 이름을 가지고 있었다. 잘 알려진 이름들은 다음과 같다.

버피: 페어웨이에서 사용하는 로프트가 큰 우드를 말함. 흔히 5번 우드를 버피라고 부르는데 다른 번호의 우드도 마찬가지임.

브래시: 2번 우드.

크리크: 드라이브 아이언, 1번 아이언.

매시: 5, 6번 아이언.

니블릭: 7, 8번 아이언.

스푼: 페어웨이 우드, 특히 3번 우드.

그림으로 쉽게 배우는
골프독학의 모든것

2012년 3월 5일 초판 1쇄 인쇄
2021년 6월 7일 초판 6쇄 발행

감　수 이봉철
일러스트 전상훈
펴 낸 이 박경준
펴 낸 곳 글로북스
등록번호 제 15-522호
등록일자 2001년 7월 2일

주　소 서울특별시 마포구 서교동 444-15
전　화 02-332-4327
팩　스 02-3141-4347